내 아이 먹일 생각으로 만든 64가지 건강 레시피

순수한 레시피

김소연 지음

순수한 레시피

내 아이 먹일 생각으로 만든
64가지 건강 레시피

북앤미디어 **디엔터**
Book&Media

책을 쓰기까지

2017년 11월 채 5평도 안 되는 작은 가게에서 아이 반찬 다섯 가지, 어른 반찬 네 가지로 시작했다. 지금 생각해보니 참 어이가 없는 가짓수였지만 정말 좋은 재료를 사용했고 레시피 또한 우리 아이가 먹는 그대로 만들었다.

처음 책을 내자는 제안을 받았을 때 어떤 음식들을 실으면 좋을까 무척이나 많이 고민했다. 순수식탁을 아는 고객들이 엄청 기대할 텐데…. 이런 생각을 하니 부담도 많이 되었다. 사실 순수식탁 레시피는 별것이 없다. 그래서 그 별것 없는 것을 별것이 있어 보이게 꾸며야 하나 상당히 고민했다.

하지만 순수식탁이 왜 순수식탁인지를 떠올리며, 우리가 늘 집에서 먹는 양념과 쉽게 구할 수 있는 재료로 조금은 특별하지만 누구나 따라 할 수 있는 간단한 레시피의 메뉴들을 소개하고 싶었.

조금은 단순할 수도, 어쩌면 '이게 뭐야?'라고 할 수도 있을 법한 메뉴들이지만 온 가족이 맘 놓고 먹을 수 있는 건강한 레시피라는 점을 강조하고 싶다.

꼭 레시피 그대로가 아니어도 다양한 재료를 활용하여 응용할 수 있는 메뉴가 많으니 한 번쯤은 꼭 만들어 볼 것을 추천한다.

저자의 말

왜 순수한 레시피인가?

누구나 그러하듯 처음 이름을 정할 때 엄청나게 많은 고민을 하게 된다. 나 역시도 누가 먹을 것인가, 어떻게 만들 것인가, 어떠한 방법으로 사업을 이어갈 것인가를 생각하고 고심하던 끝에 문득 뇌리에 스친 이름이 바로 순수식탁!

순수한 아이들이 먹는 음식, 자연의 순수한 재료를 가지고 만드는 음식, 가족을 위한 순수한 엄마의 마음으로 만드는 음식, 순식간에 먹어버릴 만큼 맛있는 음식.

그리고 내가 글을 쓸 때 항상 "순식이가 만든…, 순식이가 해 드릴게요."와 같이 순식이라는 인물을 넣어 이야기하는데 그게 바로 순수식탁을 대변하는 나의 별명이다.

순수식탁의 글자를 따서 순식! 고객에게 친근하게 다가갈 수 있는 약간 촌스러운 별명까지 생각해서 만든 이름이었다.

이러한 이념을 담은 순수식탁! 그런 순수식탁의 순수한 레시피를 《순수한 레시피》에 담았다. 순수한 레시피로 특별하고 맛있는 밥상을 고객들에게 선물하고 싶다.

2022년 6월 김소연

CONTENTS

: 책을 쓰기까지 *4*
: 저자의 말 *5*

무침

연근 새우 겨자 냉채 *12*
오이 매실청 무침 *16*
숙주 파프리카 무침 *19*
브로콜리 들깨가루 무침 *22*
닭가슴살 적양배추 무침 *26*
오이 부추 무침 *30*

꼬시래기 파프리카 무침 *33*
날치알 미역 초 무침 *36*
미역줄기 볶음 *38*
가지 새싹 말이 *40*
감자 메추리알 베이컨 샐러드 *44*
골뱅이 소면 무침 *48*

조림 & 볶음

새우 브로콜리 견과 볶음 54
연근 견과류 조림 58
궁채 들깨가루 볶음 61
소고기 감자 조림 64
훈제오리 단호박 볶음 68
새우 마늘쫑 양파 볶음 72

낙지 볶음과 콩나물 무침 76
소고기 망고 볶음과 토르티야 80
고구마 병아리콩 조림 84
고등어 꽈리고추 알마늘 조림 88
소고기 오이 버섯 볶음 92

전류

두부 스테이크 98
두부 구이와 소고기 양념장 101
감자 아보카도 치즈전 104
육전 108
연근전 111

연근 버섯 떡갈비 114
소고기 팽이버섯전 118
고기 채소전 122
돼지고기 오징어 양배추전 126
단호박 채소전 130

국

낙지연포탕 *136*
소고기 미역국 *140*
우삼겹 된장찌개 *144*
참치 김치찌개 *148*
바지락 배추 미나리탕 *152*

버섯 조랑떡 들깨탕 *156*
오징어 무국 *160*
황태 감자 달걀국 *164*
새우 순두부탕 *168*

한그릇밥

닭가슴살 비트 볶음밥 *174*
구운 두부 버섯 카레 *178*
햄 스크램블드에그 볶음밥 *182*
불고기 파프리카 볶음밥 *186*
볶은 채소 비빔밥과 소고기 양념장 *190*

매생이 굴 귀리밥 죽 *194*
알밥 *197*
소고기 콩나물밥 *200*
새우 에그 크림 카레 *204*
매운 마파두부 덮밥 *208*

간식

두부 멘보샤 *214*

달걀 채소 피자 *218*

국물 떡볶이 *222*

새우 파스타 샐러드 *226*

흑미 병아리콩 샐러드와 바게트 *230*

소불고기 떡볶이 *234*

떠먹는 감자 피자 *238*

참치 크랜베리 샌드위치 *242*

베이컨 스크램블드에그 샌드위치 *246*

불고기 버섯 샐러드 *250*

아보카도 사과 견과류 샐러드 *254*

프렌치토스트 *257*

∗ 요리가 쉬워지는 만능 양념장 *260*

∗ 순수식탁 이야기 *261*

∗ 감사의 글 *268*

∗ 고객 리뷰 *270*

∗ 글을 마치며 *271*

∗ **재료 및 양념 계량 표기에 대해서** ∗

- 별도의 표기가 없는 한, 모든 요리의 재료 분량은 2~3인분 기준입니다.
- 양념에서 분량이 많은 재료는 T 대신 g으로 표기하였습니다.
- 모든 분량은 저자가 사용하는 스푼 등을 기준으로 한 것입니다.
- 드레싱 등의 분량은 비율에 따른 것이며, 개인에 따라 계량에 차이가 있음을 알려드립니다.
- 양념 계량 기준

  설탕 1T = 6g   참기름 1T = 6g   고추장(듬뿍) 1T = 25g

  소금 1T = 6g   고춧가루 1T = 5g   마요네즈(듬뿍) 1T = 20g

  간장 1T = 9g   다진 마늘 1T = 15g 부침가루·밀가루(듬뿍) 1T = 9g

무침

연근 새우 겨자 냉채
오이 매실청 무침
숙주 파프리카 무침
브로콜리 들깨가루 무침
닭가슴살 적양배추 무침
오이 부추 무침
꼬시래기 파프리카 무침
날치알 미역 초 무침
미역줄기 볶음
가지 새싹 말이
감자 메추리알 베이컨 샐러드
골뱅이 소면 무침

새콤달콤 매콤한 겨자 소스는 시원하게 먹는 채소라면 어디에나 잘 어울려요. 원래는 겨자가루를 개서 끓는 냄비 뚜껑 위에 얹고 50분 정도 발효시켜야 더 톡 쏘고 맛있는 겨자 소스가 완성되지만 집에서 40~50분 동안 겨자를 발효시키는 일은 쉽지 않지요. 간단히 먹을 수 있도록 연겨자를 이용한 만능 겨자 소스를 활용하면 어떤 냉채든 잘 어울릴 거예요. 계절 과일을 듬뿍 넣어도 좋고 차돌박이나 꼬시래기 같은 해초를 넣어 무쳐도 색다른 요리가 된답니다. 집에 있는 다양한 재료를 활용해 보세요.

연근 새우 겨자 냉채

재료 새우 15알, 연근 100g, 배 80g, 오이 80g, 양파 60g, 당근 30g, 노랑 파프리카 20g, 빨강 파프리카 20g

양념장 만능 겨자 소스 <p.260 요리가 쉬워지는 만능 양념장>에 만능 겨자 소스 만드는 비법이 있어요.

> **TIP**
>
> **양념은 숙성이 중요** 양념은 숙성될수록 맛있어요. 하루 전날 연겨자를 제외한 양념을 미리 섞어서 숙성시켜 두고, 요리할 때 겨자만 풀어서 바로 무쳐 먹어도 좋아요.
>
> **연근 점성 없애기** 연근은 푹 익히면 식감이 좋지 않으니, 아삭한 느낌이 날 정도로 데쳐 주세요. 점성이 남지 않도록 잘 헹궈야 해요.
>
> **요령 하나 더!** 오이를 그냥 무쳐도 좋지만 소금에 절이면 꼬들꼬들한 오이 맛을 제대로 느낄 수 있어요.

RECIPE

<u>1</u> 만능 겨자 소스를 만들어 놓는다.

<p.260 요리가 쉬워지는 만능 양념장>에 만능 겨자 소스 만드는 비법이 있어요.

<u>2-3</u> 연근은 껍질을 벗기고 3mm 두께로 썰어 아삭한 맛을 살려 데친 후 헹궈 물기를 뺀다.

<u>4</u> 끓는 물에 새우를 넣고 데친다.

<u>5-7</u> 오이는 세로로 반으로 갈라 씨를 빼고 5mm 두께로 어슷썰어 소금에 절인 후 씻어서 물기를 꼭 짠다.

<u>8</u> 양파와 당근, 배와 파프리카는 모두 3mm 두께로 채썬다.

<u>9</u> 양파는 물에 담가 매운맛을 없애고 물기를 빼 덜어 둔다.

<u>10</u> 모든 재료를 담고 소스와 함께 버무린다.

매운 김치를 못 먹는 아이들이나 어르신들이 김치 대신 개운하게 먹을 수 있는 음식을 생각하다가 피클을 떠올렸어요. 그런데 피클은 소스를 끓여야 해서 번거롭기도 하고 신맛을 싫어하는 아이들은 안 먹더라고요. 몸에 좋은 매실청을 이용해서 만들어 봤는데 남녀노소 모두 좋아하는 인기 메뉴가 되었답니다. 덕분에 저는 매해 5월이 되면 매실청을 100kg 이상 담가요. 특별한 방법이 있다고 생각하겠지만 누구나 할 수 있어요. 정성 가득 담긴 맛있는 매실청만 있다면요. 피자나 스파게티와도 잘 어울린답니다.

오이 매실청 무침

재료 오이 500g, 소금 2T

양념 매실청 200g, 양조 식초 2T(매실청 맛에 따라 가감), 깨 1T

* 매실청은 오이 절반이 잠길 정도로 넉넉히 준비하기

TIP

오이의 수분을 남겨요 절인 오이는 물기를 절반 정도 짜 주세요. 남은 오이의 수분이 매실청의 강한 맛을 중화해 줄 거예요.

매실청 양 조절하기 매실청은 집집마다 맛이 조금씩 달라요. 식초는 방부제 역할도 하기 때문에 새콤한 맛이 많이 나는 매실청이라면 식초를 조금만 넣고, 단맛이 강하다면 조금 더 넣어 주세요.

오이가 짜게 절여졌다면 물에 담가 짠맛을 조금 없앤 뒤 물기를 짜 주세요. 물기를 제거하고 먹었을 때 간이 딱 맞는 게 좋아요.

RECIPE

1. 오이는 3mm 두께로 얇게 썬다.
2. 썬 오이는 소금에 30분 절인다.
3. 절인 오이는 물에 헹군 후 물기를 짠다.
4-5. 매실청과 깨를 넣고 마무리한다.

*식초는 매실청 맛에 따라 적당히 추가해 주세요.

숙주를 데쳐서 무쳐 놓으면 색이 금방 변하잖아요. 왠지 하루만 지나도 먹기 싫던 경험 있으시지요? 평범한 숙주에 아삭한 식감의 채소를 넣어 무치면 더 시원하고 맛있게 드실 수 있어요. 별다른 양념도 필요 없어요. 평소와 동일한 방법으로 무치면 됩니다. 숙주를 아주 살짝 아삭하게 데치고 깨를 듬뿍 넣어 주면 더욱 맛있게 드실 수 있어요. 만약 이 조리법이 조금 싫증 난다면 냉채처럼 새콤달콤하게 무치는 것도 추천해요.

숙주 파프리카 무침

재료 숙주 300g, 오이 40g, 파프리카 30g, 당근 10g, 부추 10g

양념 다진 마늘 1/2T, 소금 2/3T, 참기름 1T, 깨 1T

> **TIP**
> **숙주 맛있게 데치기** 숙주는 너무 오래 데치면 무칠 때 실처럼 가늘어져요. 끓는 물에 넣고 휘어질 정도로 익으면 건지세요.
> **부추는 기호에 따라** 부추는 특유의 향이 있어서 싫어하는 분들은 입맛에 맞지 않을 수 있으니, 기호에 따라 빼도 됩니다.

RECIPE

1-5 오이, 당근, 파프리카(노랑. 빨강), 부추는 3mm로 얇게 채썰어 놓는다.

6-7 숙주는 끓는 물에 숨이 죽을 정도로만 살짝 데친 후 찬물에 헹구어 물기를 뺀다.

8-9 양념을 넣고 함께 버무려 마무리한다.

데친 브로콜리를 맛있게 많이 먹기란 쉽지 않죠? 들깨가루로 무치면 계속 집어먹게 되는 맛있는 반찬이 된답니다. 브로콜리는 기둥에 영양소가 많이 함유되어 있으니 껍질을 한 겹 벗겨내고 얇게 썰어 사용하세요. 피를 제거하지 않은 들깨가루를 함께 사용한 것은 피를 제거한 들깨가루만 넣어 무치면 브로콜리 물기에 들깨가루가 흡수되어 아무리 많이 넣어도 색이 입혀지지 않고, 색을 내기 위해 많이 넣다 보면 떡지기 때문이에요. 물론 고소한 맛도 배가된답니다.

브로콜리 들깨가루 무침

재료 브로콜리 300g(1송이))

양념 피를 제거한 들깨가루 4T, 피를 제거하지 않은 들깨가루 2T, 소금 1/3T, 참기름 또는 들기름 1T

TIP 골고루 간 잘 배게 하는 방법

- 브로콜리는 송이가 크고 기둥도 두껍기 때문에 잎채소에 비해 열기가 빨리 식지 않아요. 20초 정도 데쳐 아주 차가운 물에 빨리 헹구는 게 중요하고, 식혔다고 생각돼도 만져보면 따뜻할 거예요. 찬물을 두세 번 정도 갈아가며 식혀 주세요.
- 물기가 많으면 무친 후 씹을 때 물기가 찍찍 나오는 유쾌하지 못한 경험을 하게 될 거예요. 최대한 물기를 잘 털어 주세요.
- 양념을 배합할 때 참기름까지 같이 넣고 섞으면 들깨가루와 함께 덩어리가 되어 무칠 때 엄청 힘들어요. 절대 참기름과 함께 섞으면 안 돼요!
- 대충 무치면 브로콜리 송이에 간이 안 배어 겉은 짜고 속은 싱거우니 간이 고루 배도록 잘 무쳐 주세요.
- 처음에 간이 조금 짭짤해도 브로콜리에서 수분이 나오면서 맞춰지니 너무 간을 싱겁지 않게 맞춰 주세요.

RECIPE

1. 브로콜리를 먹기 좋은 크기로 썬다.
2. 끓는 물에 소금 1/3T를 넣고 브로콜리를 20초 정도 데친다.
3. 채반을 탈탈 털며 물기를 제거한다. * 키친타월을 이용해도 좋아요.
4. 참기름을 제외한 양념을 골고루 섞어 준다.
5. 양념을 담은 볼에 브로콜리를 조금씩 넣으면서 조물조물 무친다.
6-7. 간이 맞으면 참기름을 넣고 한 번 더 버무려 마무리한다.

마요네즈 무침은 어떤 재료를 넣어도 너무 맛있는 것 같아요. 적양배추는 일반 양배추보다 식감이 더 좋고 색감도 예뻐서 넣어 봤어요. 이 음식의 포인트는 의외의 재료인 깨예요. 마요네즈와 깨의 조합이 의외지만, 깨가 듬뿍 들어가면 닭가슴살의 비릿한 맛도 잡아주고 씹을수록 고소하답니다. 치즈 한 장 깔고 모닝빵에 넣어 간단하게 샌드위치를 만들어도 좋고, 토르티야나 비스킷 위에 올려서 카나페처럼 해 먹어도 근사하겠죠?

닭가슴살 적양배추 무침

재료 닭가슴살(완제품도 가능. 매운맛 제외) 120g, 오이 80g, 양배추 80g, 적채 50g, 당근 40g

닭가슴살 삶는 재료 미림 또는 청주 1T, 소금 한 꼬집, 다진 마늘 1/2T

양념 마요네즈 4T, 소금 2/3T, 설탕 2/3T, 레몬즙 1½T, 깨 1½T

TIP

채소 절이기 적채와 양배추를 함께 절이면 적채의 색이 양배추에 밸 수 있으니 따로 절여 주세요.

깨는 듬뿍! 깨는 많다고 느껴질 정도로 많이 들어가야 맛있어요. 잘 볶아진 깨가 더 좋아요.

RECIPE

1-2 닭가슴살은 미림(또는 청주), 다진 마늘을 넣은 물에 넣고 삶은 후 잘게 찢어 준비한다.

3-4 양배추, 적양배추는 7mm 두께로 채썰고, 오이와 당근은 5mm 두께로 채썬다.

5 모든 채소를 소금에 절인다. 단, 적채는 따로 절인다.

6 절인 채소를 물에 헹구어 물기를 꼭 짠다.

7-8 닭가슴살과 채소, 양념을 넣은 후 버무려 접시에 담아낸다.

슬슬 김장 김치도 질리고 뭔가 시원하고 시큼하지 않은 김치류가 먹고 싶을 때 딱 좋은 메뉴지요. 김치 담글 자신이 없는 요리 초보라도 김치 대신 간단하게 만들어 먹을 수 있어요. 넉넉히 만들어서 숙성시켜 먹으면 꼬들꼬들한 맛이 일품이랍니다. 생부추가 싫으면 이 양념에 부추와 양파를 듬뿍 넣고 무쳐서 고기와 드셔 보세요. 아마 끝도 없이 들어갈걸요?

오이 부추 무침

재료 오이 300g, 양파 60g, 부추 25g

양념 고춧가루 4T, 멸치 액젓 3T, 마늘 1½T, 설탕 1T, 소금 1T, 깨 적당량

> **TIP**
>
> **오이 써는 요령** 오이는 얇으면 금방 무르고 아삭한 맛이 덜해요. 그러니 두툼하게 썰어 주세요.
>
> **요령 하나 더!** 오이를 절이지 않고 그대로 버무려 바로 먹으면 오이의 수분을 그대로 느낄 수 있어서 맛있어요. 아삭한 식감을 원하면 소금에 절이는 것이 좋은데요. 이때는 양념에서 소금의 양을 반으로 줄여야겠지요.

RECIPE	1	오이는 1cm 간격으로 두껍게 어슷썬다.
	2-3	양파는 0.7mm로 채썰고 부추는 두 마디 크기로 썰어 놓는다.
	4	볼에 오이와 양파를 담고 양념을 모두 섞어 무친다.
	5-6	오이와 양파에 양념 색이 잘 배면 부추와 깨를 넣고 한 번 더 버무린다.

해조류는 체내 중금속을 배출하는 효능이 있어서 많이 먹는 것이 좋아요. 특히 칼로리가 적고 식이섬유가 풍부하기 때문에 다이어트에 효과적입니다. 다양한 채소들과 새콤하게 무쳐 드시면 맛은 물론 건강까지 챙길 수 있어요.

꼬시래기 파프리카 무침

재료 꼬시래기 200g, 파프리카 30g, 피망 20g, 오이 15g, 당근 10g

양념 양조 식초 3½T, 설탕 2T, 마늘 1/2T, 소금 1/2T, 깨 1T

TIP **꼬시래기 잘 데치기** 꼬시래기를 끓는 물에 넣으면 색이 금방 녹색으로 변해요. 너무 오래 끓이지 말고 소독하는 정도로만 데쳐야 아삭한 식감을 즐길 수 있어요.

RECIPE

1. 염장되어 있는 꼬시래기는 여러 번 세척 후 끓는 물에 넣고 데친다.
2. 꼬시래기의 색이 녹색으로 변하면 건져 찬물에 헹군다.
3. 꼬시래기의 물이 빠지는 동안 피망, 파프리카(노랑, 빨강), 오이는 3mm 두께로 채썬다.
4. 먼저 꼬시래기에 준비된 양념을 넣고 조물조물 무친다.
5-6. 마지막으로 채소를 넣어 가볍게 무친다. * 기호에 따라 만능 겨자 소스나 초고추장에 무쳐도 좋아요.

우리나라 사람들의 미역 사랑은 말 안 해도 아시지요? 국만 끓일 것이 아니라 무침으로 해도 너무 맛있어요. 미역으로 무침을 할 때는 씻는 것이 가장 중요해요. 너무 세게 주물러 가며 씻지 않는 것이 포인트!! 저는 배를 넣고 시원하게 무쳐 먹기도 해요. 날치알만 제외하고 간을 세게 해서 무쳐 시원한 냉수와 섞으면 바로 미역 냉국으로 드실 수도 있어요. 대신 간을 두 배 이상 해야겠지요? 다양한 방법으로 즐겨 보세요.

날치알 미역 초 무침

재료 건미역 20g, 날치알 30g, 당근 20g, 오이 50g, 양파 50g

양념 소금 1T, 식초 4T, 설탕 2T, 깨 1T, 마늘 1T

> **TIP** **미역 불리기&세척하기** 미역을 너무 오래 불리거나 씻을 때 세게 무지르면 미끄덩거리는 점액질이 나와 식감이 좋지 않아요. 불린 미역을 살살 씻어 주는 것이 포인트예요.

RECIPE

1 미역을 물에 30분 정도 불린다.

2–4 오이, 당근, 양파는 적당한 두께로 채썬다.

5 불린 미역을 씻은 후 물기를 짜 용기에 담고 깨를 제외한 나머지 양념을 넣어 밑간을 한다.

*이때도 너무 세게 주무르며 무치지 않도록 주의하세요.

6–7 밑간을 한 미역에 채썬 오이와 당근, 양파를 올린 후 날치알과 깨를 넣어 무친다.

미역줄기 좋아하는 분들 많으시지요? 평소처럼 청양고추를 안 넣고 맵지 않게 조리해 봤더니 아이들이 엄청 좋아하더라고요. 미역줄기는 소금에 절인 염장 상태로 판매하므로 여러 번 찬물을 갈아주며 소금 간을 빼 주세요. 복잡한 양념은 없지만 미역줄기는 너무 싱거우면 맛이 없으니 간을 잘 맞추는 게 요령이에요.

미역줄기 볶음

재료 염장 미역줄기 200g

양념 마늘 1T, 소금 1T, 국간장 1T, 참기름 1T, 깨 1T

TIP

간 맞추기 미역줄기의 염분을 얼마나 제거했느냐에 따라 양념 양이 달라져요. 가능한 한 염분은 많이 제거하는 것이 좋아요. 국간장은 감칠맛을 살짝 더하는 용도이므로 생략해도 무방해요. 너무 많이 넣으면 색도 거무티티해지고 짜져요. 자신 없으면 볶기 전에 미역줄기에 소금과 국간장으로 살짝 밑간을 한 뒤 볶고, 마지막에 간이 부족하면 더하세요.

RECIPE

약 1시간 30분~2시간 정도 빼 주세요.

1-2 염장 미역줄기는 물을 여러 번 갈아가며 소금기를 적당히 뺀다.

3 물기를 뺀 미역줄기는 적당한 길이로 자른다.

4 식용유를 두른 팬에 미역줄기를 넣고 볶다가 준비한 양념을 넣어 한소끔 볶는다.

국간장은 기호에 따라 생략 가능해요.

5 마지막으로 깨와 참기름을 뿌려 마무리한다.

가지를 싫어하는 분들이 많아서 어떻게 하면 맛있게 먹을 수 있을까 생각하다가 만들었어요. 보통 가지의 식감이 물컹하고 수분이 많아서 싫어하는데요, 얇게 썰어 구우면 그런 점을 조금 보완할 수 있거든요. 새싹의 알싸한 맛과 채소들의 아삭함이 조화를 이루어 이색적인 느낌이 들어요. 가볍게 먹기도 좋지만 특별한 날 손님 상차림에 올리면 아마 "와! 이게 뭐야?" 하는 기분 좋은 이야기 들으실 거예요. 그야말로 정성이 느껴지는 메뉴거든요. 꼭 초간장을 곁들여 드세요.

가지 새싹 말이

재료 가지 1개, 베이컨 40g, 파프리카(노랑, 빨강) 30g, 양파 30g, 새싹 15g

양념장 만능 초간장

<p.260 요리가 쉬워지는 만능 양념장>에 만능 초간장 만드는 비법이 있어요.

TIP

가지 모양이 중요해요! 곧으면서 길쭉하고 도톰한 것이 말았을 때 모양이 예뻐요.

채소 길이는 일정하게 말았을 때 채소 길이가 제각각이면 모양이 안 예쁘겠지요? 가능한 한 길이를 맞춰 주세요. 어려우면 말고 나서 가위로 끝부분을 다듬는 것도 괜찮아요.

RECIPE

1 가지는 두께 약 2~3mm 정도로 길게 자른다. * 슬라이서가 있으면 이용하는 것을 추천해요.
2 양파는 얇게 채썬 후 물에 담가 매운맛을 뺀 후 물기를 빼 놓는다.
3 새싹은 씻은 후 물기를 뺀다.
4 파프리카는 가지 길이에 맞춰 5mm 두께로 채썬다.
5 베이컨을 굽는다.
6 기름을 두르지 않고 팬에 가지를 올려 소금을 살짝 뿌려가며 앞뒤로 굽는다.
7-8 가지가 식으면 길게 펴고 베이컨, 양파, 파프리카(노랑, 빨강), 새싹을 올리고 돌돌 말아서 접시에 예쁘게 담아 초간장을 곁들인다.

PURE RECIPE

감자와 치즈의 조합은 언제나 옳지요! 감자와 베이컨의 조합도 언제나 옳답니다. 너무 기름지기만 하면 안 되니까 파프리카를 넣어 상큼한 맛을 더했어요. 냉장고에 2~3일 정도 두고 먹을 수 있게 넉넉하게 만들어 두세요. 물기가 안 생기니 피크닉 메뉴로도 추천합니다.

감자 메추리알 베이컨 샐러드

재료 감자 200g, 깐 메추리알 6개, 파프리카 70g, 베이컨 60g, 마카로니 10g, 옥수수 적당량

드레싱 마요네즈 2T, 파르메산치즈 1T, 설탕 1T, 소금 1/2T, 레몬즙 1/2T

TIP

메추리알 간하기 난류를 조리할 때는 간을 조금 하면 다른 재료와 함께 씹었을 때 밋밋한 맛을 줄일 수 있어요.

메추리알이 남으면 간장, 물, 설탕을 섞은 뒤 15분 정도 졸여서 메추리알 조림으로 해 드세요.

마요네즈 계량 마요네즈는 숟가락으로 듬뿍 떠서 약 40g 정도 넣어 주세요.

요령 하나 더! 바로 먹을 거라면 엔다이브나 버터헤드 같은 샐러드 채소에 올려 먹어도 좋아요.

RECIPE

<u>1</u> 감자는 1.5×1.5×1.5cm 크기로 사각썰기한다.

<u>2-4</u> 끓는 물에 소금을 넣고 감자를 삶은 후 소금 간을 한다.

<u>5-6</u> 마카로니는 삶은 후 소금과 마요네즈에 버무려 놓는다.

<u>7</u> 베이컨은 기름에 바삭하게 튀긴 후 기름을 뺀다.

<u>8</u> 파프리카는 1×1cm 크기로 썰어 놓는다.

<u>9</u> 메추리알은 소금 간을 해 놓는다.

<u>10-11</u> 준비된 드레싱 재료를 한데 섞어 드레싱을 만들고, 모든 재료를 드레싱에 버무려 그릇에 담는다.

46 PURE RECIPE

만능 초장을 이용하면 집에서도 맛있는 골뱅이 무침을 만들 수 있어요. 골뱅이를 썰 때 몸통 부분과 내장 부분을 골고루 얇게 써는 것이 핵심이에요. 솜씨 좋은 분들은 파채를 직접 썰어도 좋지만 요즘은 마트에서도 쉽게 구할 수 있어 편하게 만들 수 있답니다. 파채가 없다면 깻잎이나 양파를 많이 넣고 먹어도 맛있고 진미채 대신 안주용 맥반석 오징어나 황태포, 오징어 다리 등 집에 있는 재료를 활용해도 좋아요.

골뱅이 소면 무침

재료 골뱅이(유동골뱅이 사용) 100g, 파채 150g, 오이 60g, 소면 100g, 양파 40g, 당근 30g, 진미채 30g, 청양고추(기호에 따라 생략 가능)

양념장 만능 초고추장 200g, 깨, 참기름 적당량씩

<p.260 요리가 쉬워지는 만능 양념장>에 만능 초고추장 만드는 비법이 있어요.

TIP

골뱅이 맛있게 썰기 골뱅이 부위별로 동글동글하게 자르면 썰기에는 편하지만 어떤 부분은 딱딱하고 어떤 부분은 내장 쪽만 있어 맛있게 드실 수 없어요. 한 조각에 골고루 맛을 느낄 수 있게 세로 방향으로 잘라 주세요.

소면 삶기&헹구기 차갑게 비벼 먹을 때는 소면을 빨리 식히는 것이 좋아요. 얼음물에 담그거나 찬물에 여러 번 헹궈 주세요. 면을 헹굴 때는 전분기가 남지 않도록 깨끗하게 씻어야 맛이 깔끔하다는 거 기억하시고요.

RECIPE

1   파채(구입도 가능)는 세척 후 물기를 뺀다.

2   진미채는 너무 길지 않게 썰어 놓는다.

3-5 오이는 어슷썰고, 양파는 채썰고, 당근은 0.7×3cm 크기로 얇게 썬다.

6   골뱅이는 세로 방향으로 썰어 골뱅이 전체의 맛을 다 느낄 수 있게 한다.

7-8 소면 삶을 물이 끓어오르면 소면이 냄비에 닿지 않게 부채 모양으로 펼쳐 넣은 후 4~5분간 삶아 찬물에 헹구어 놓는다.

9-10 손질한 재료를 넣고 만능 초고추장, 참기름, 깨를 넣어 무쳐 버무리고 골뱅이, 파채, 소면을 나란히 담는다.

기호에 따라 깻잎과 청양고추를 추가해도 좋아요.

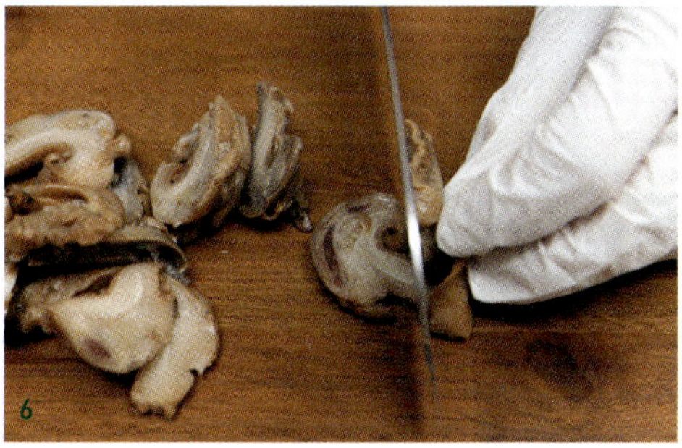

조림 & 볶음

새우 브로콜리 견과 볶음

연근 견과류 조림

궁채 들깨가루 볶음

소고기 감자 조림

훈제오리 단호박 볶음

새우 마늘쫑 양파 볶음

낙지 볶음과 콩나물 무침

소고기 망고 볶음과 토르티야

고구마 병아리콩 조림

고등어 꽈리고추 알마늘 조림

소고기 오이 버섯 볶음

고객이 '이 메뉴' 덕분에 아이가 브로콜리를 처음 먹기 시작했다고 하더라고요. 이 고객은 4년이 지난 지금도 순수식탁의 단골이랍니다. 별맛 없는 생채소나 데친 채소를 강요하는 것은 어쩌면 아이들에게는 고문일지도 몰라요. 아이들이 잘 먹을 수 있으면서도, 최대한 양념은 자극적이지 않게 조리하는 것이 순수식탁이 추구하는 조리법입니다. 하지만 맛있어야겠지요. 이 메뉴 또한 '정말 이게 다야?'인 메뉴 중 하나예요.

새우 브로콜리 견과 볶음

재료 새우 15알, 브로콜리 한 송이(약 200~250g), 호두 15g, 아몬드 10g

새우 양념 미림 또는 청주 1T

브로콜리 양념 소금 1/2T

견과류 양념 올리고당 1½T, 간장 2/3T

> **TIP**
>
> **새우 손질하기** 새우의 짠맛이 너무 빠지면 맛이 없으니 새우가 해동될 정도로만 물에 담가 주세요.
>
> **브로콜리 데치기** 브로콜리를 찬물에 담그면 브로콜리 온도가 너무 식어서 다시 볶을 때 식감이 사라질 수 있으니 아주 살짝만 데친 후 물에 담그지 말고 채반째 털어 물기도 제거하고 열도 살짝 식혀 주세요. 브로콜리는 한 번 데쳤기 때문에 너무 오래 볶으면 색이 변하고 식감도 물컹해지니 센불에서 살짝 볶으세요.
>
> **견과류 볶기** 견과류는 껍질이 금방 타니까 약불에서 잘 저어가며 볶으세요.
>
> **요령 하나 더!** 브로콜리는 밑동에 좋은 영양소가 훨씬 더 많이 들어 있어요. 겉껍질은 벗겨내고 속을 납작하게 썰어서 사용하세요.

RECIPE

1 냉동 새우는 물에 담가 짠맛을 빼면서 해동한다.

2 브로콜리는 먹기 좋은 크기로 썰고 호두, 아몬드는 반씩 자른다.

3 브로콜리는 뜨거운 물에 15초 데친 후 건져내고 물기를 탈탈 털어 수분을 빼면서 열기를 식힌다.

4 팬에 기름을 두르고 물기를 뺀 새우를 넣어 볶다가 미림(또는 청주)을 넣고 익힌다.

5 새우를 볶던 팬에 기름을 조금 더 두르고 센불에서 브로콜리를 볶으면서 구운 소금을 넣어 브로콜리의 간을 맞춘다.

* 새우 물에 약간의 간이 있으니 소금 간은 조금씩 추가하면서 맛을 보세요.

6 다른 팬에 견과류를 넣고 고소하게 볶아지면 올리고당과 간장을 넣고 센불에서 휘리릭 볶는다. 견과류가 반질반질하게 코팅되면 성공!

7 브로콜리 위에 새우를 올리고 견과류를 군데군데 올린 후 깨를 뿌려 완성한다.

연근을 많이 먹으면 코피를 잘 흘리는 환절기에 지혈 작용도 되지만 따뜻한 성질을 가지고 있어서 오장을 보호하는 데 좋다고 해요. 연근은 강한 맛은 없지만 먹을수록 빠져드는 매력이 있는 것 같아요. 특히 제철에 갈아서 전을 부쳐 먹거나 튀김을 하면 아무 간을 하지 않아도 달큰하고 맛있지요. 흔히 먹는 조림처럼 오랫동안 졸여서 양념이 진하게 배게 하는 게 아니라, 살짝 색만 입힐 정도로 졸여 아삭한 맛을 살린 연근 조림을 해 볼 거예요. 얇게 썰어 빠르게 조리하는 것이 포인트랍니다.

연근 견과류 조림

재료 연근 300g, 호두 15g, 아몬드 15g, 해바라기씨 5g

양념 물 60g, 간장 40g, 설탕 30g

마무리 양념 참기름, 깨 적당량씩

> **TIP**
>
> **연근 떫은맛 없애기** 연근에는 특유의 떫은맛이 있어요. 살짝 데쳐내면 없앨 수 있답니다.
>
> **좌르르 윤기 내기** 마지막에 센불에서 참기름을 둘러야 윤기가 난답니다.

RECIPE	1	연근은 껍질을 벗기고 3mm 두께로 썬다.
	2	식초 한 숟가락 넣은 물에 썬 연근을 넣고 4분 정도 데친다.
	3	연근에 양념장 3분의 1을 넣고 센불에서 졸인다.
	4	양념장이 절반 정도 줄어 연근이 옅은 갈색을 띠면, 다시 양념장 3분의 1을 넣고 양념이 절반으로 줄어들 때까지 중불에서 졸인다.
	5	견과류를 넣고 센불에서 남은 양념장을 넣고 바글바글 졸인다.
	6-7	마지막으로 참기름과 깨를 넣어 저어주면 완성.

얼마 전까지만 해도 궁채 나물이라고 하면 생소했는데요. 요즘은 많이들 아시더라고요. 궁채는 줄기 상추예요. 말린 것을 물에 불려 사용하는데 오독오독한 식감이 좋아 볶아 먹기도 하고 피클이나 장아찌를 담그기도 해요. 들깨와 궁합이 좋아서 함께 볶아 드시면 더 맛있게 드실 수 있어요. 조리법도 엄청 쉽고요. 궁채는 말린 것을 사서 냉동실에 뒀다가 조금씩 꺼내 불려서 사용하면 됩니다. 이물질이 많지 않고 손질도 너무너무 쉬워요.

궁채 들깨가루 볶음

재료 말린 궁채 70g

양념 들깨가루(피 제거) 3T, 다진 마늘 2/3T, 소금 1/2T, 참기름 1T

> **TIP**
>
> **궁채 손질하기** 말린 궁채는 물에 담그면 금방 불어요. 가끔 무 심처럼 억센 줄기가 붙어 있는데요. 손질할 때 제거하세요.
>
> **촉촉하게 볶기** 볶을 때 불 조절에 실패하거나 들깨 양이 많으면 너무 말라 보이기도 하고 탈 수도 있으니 물을 조금 넣으세요.

RECIPE	1	궁채는 물에 1시간 정도 불려 놓는다.
	2	불린 궁채를 손가락 두 마디 정도 길이로 썰어 물기를 뺀다.
	3	식용유를 두른 팬에 다진 마늘을 넣고 볶다가 궁채를 넣고 함께 볶는다.
	4	궁채가 뜨겁게 볶아지면 소금과 들깨가루를 넣는다.
	5-6	들깨가루가 뭉치지 않게 잘 볶은 후 센불로 올려 참기름을 두른다.

의외로 감자 조림 어려워하는 분들이 많아요. 시간 조절과 간 조절이 쉽지 않고 감자의 종류에 따라 맛에서도 큰 차이가 나거든요. 특히 포슬포슬 잘 부서지는 감자는 졸이는 과정에서 금방 뭉그러져서 깔끔한 모양이 안 나올 수 있지요. 감자를 최대한 젓지 않고 불 조절로 조리하는 것이 중요한 포인트예요. 소고기나 햄을 넣어도 좋고요. 닭이나 돼지고기 안심 부위를 넣어 장조림처럼 해서 먹어도 맛있어요.

소고기 감자 조림

재료 감자 300g, 불고기용 소고기(얇게) 100g, 당근 20g, 부추 5g

조림 양념 간장 30g, 물 100g, 설탕 30g, 조청 또는 올리고당 1T, 참기름 적당량

고기 양념 간장 1T, 설탕 1T, 다진 마늘 1/2T, 참기름 1/2T

> **TIP**
>
> **감자 조리법** 썬 감자는 물에 담가 놓아야 감자의 갈변을 막고 겉면에 묻은 전분기가 제거되어 깔끔한 조림이 만들어져요. 감자를 졸일 때는 자주 뒤적이지 않는 것이 좋아요. 양념을 첨가할 때 한두 번 정도만 뒤적이고 가능하면 냄비를 흔들어 섞이도록 하세요. 또 감자(당근)를 졸인 후 조리했던 팬에 계속 두면 잔열에 의해 더 익어 뭉그러지기 쉬워요. 조리가 끝나면 얼른 다른 그릇으로 옮겨 주세요.

RECIPE
1. 불고기용 소고기는 양념장에 재워 놓는다.
2. 감자는 2×2cm 크기의 정육면체로 썰어 물에 담가 놓는다.
3. 당근은 2×2cm 크기에 두께는 5mm로 얇게 썰어 놓는다.
4. 웍에 식용유를 두르고 감자를 볶는다.   감자 겉면에 기름으로 코팅을 하면 부서지는 것을 방지할 수 있어요.
5. 겉면이 어느 정도 익으면 조림 양념 3분의 2를 넣고 중불에서 약 10분 정도 먼저 졸인다.
6. 감자가 절반 정도 익으면 당근을 넣고 남은 간장을 부은 뒤 한 번 뒤적인 후 조금 더 졸인다.
7. 다른 프라이팬에 소고기를 넣고 물기 없이 바짝 볶는다.
8. 가장 크게 썰린 감자를 먹어 익었으면 볶은 소고기를 넣고 센불에서 졸인다. 참기름과 올리고당을 넣고 한 번 휘릭 끓인 후 다른 그릇에 옮겨 담는다.
9. 졸인 감자 위에 통깨를 뿌려 마무리한다.

아들이 훈제오리를 참 좋아하는데 단호박은 또 엄청 싫어해요. 그나마 아이들이 싫어하는 재료는 좋아하는 재료와 함께 조리해 줘야 한 입이라도 먹일 수 있더라고요. 기름을 두른 팬에 노릇하게 구워 주면 짭조름한 오리와 잘 어울려서인지 맛나게 먹더라고요. 좋아하는 소스를 곁들여 먹으면 더 맛있답니다.

훈제오리 단호박 볶음

재료 훈제오리 300g, 단호박 160g, 양파 80g, 애호박 80g, 파프리카 30g

양념 소금 2/3T(채소에만 소금 간하기), 허니머스터드(또는 발사믹 글레이즈)

TIP

훈제오리 볶기 훈제오리는 익은 상태이므로 보통은 살짝 볶는데요. 그러면 기름이 많이 나와요. 채소를 볶을 때 추가로 기름을 넣지 말고 오리 기름을 조금 넣고 볶으세요. 물에 오래 데치면 질겨지고 맛이 없어요.

허니머스터드 vs. 발사믹 글레이즈 발사믹 글레이즈와도 잘 어울려요. 발사믹 글레이즈가 없으면 발사믹식초에 올리고당을 섞어 농도를 되직하게 만들어 곁들이면 좋아요. 허니머스터드는 훈제오리와 짝꿍이지요. 기호에 맞게 선택하세요.

소금 간은 채소에만 약간 소스를 곁들여 먹을 거라면 간을 아주 약하게 하고, 소스 없이 그냥 먹을 거라면 채소에 간을 어느 정도 해야 해요. 스테이크 시즈닝이나 허브 솔트를 사용해도 좋아요.

RECIPE

1. 훈제오리는 먹기 좋은 크기로 썬다.
2. 양파와 파프리카, 호박은 2×2cm 크기로 썬다.
3. 단호박은 씨를 빼고 긴 모양을 살려 너무 두껍지 않게 슬라이스한다.
4. 기름 없는 팬에 훈제오리를 볶아 덜어 둔다.
5. 프라이팬에 기름을 두르고 단호박을 앞뒤로 노릇노릇하게 굽는다.
6-7. 다른 프라이팬에 양파, 호박, 파프리카를 넣고 볶아 놓은 훈제오리의 기름을 따르고 소금 간을 해 볶는다.

    *기존 프라이팬을 쓰면 채소가 타서 시커메져요.

8. 볶은 채소에 볶아 놓은 훈제오리를 넣어 센불에서 볶아낸다.
9. ❽을 접시에 담아 ❺의 구운 단호박을 위에 올리고 소스를 곁들인다.

7

8

9

서양에 아스파라거스가 있다면 우리나라엔 마늘쫑이 있지요. 봄에 나오는 국내산 마늘쫑은 많이 맵지 않고 달큰하면서 정말 맛있어요. 살짝 데쳐서 매콤한 양념에 무쳐 먹어도 좋고 새우나 고기와 함께 볶아 드셔도 식감이 정말 좋답니다. 개인적으로 생새우 말고 건새우와도 매우 잘 어울리고 멸치와도 궁합이 좋더라고요. 양념장만 잘 배합하면 휘리릭 금방 만들 수 있어요.

새우 마늘쫑 양파 볶음

재료 마늘쫑 100g, 새우 20알, 양파 50g

양념 고추장 1T, 고춧가루 1T, 간장 1½T, 설탕 1T, 다진 마늘 1/3T, 참기름 1T

TIP **마늘쫑 데치기** 아삭한 식감을 살리고 싶다면 끓는 물에 아주 살짝 데치는 것이 좋아요. 데치면 마늘쫑의 아린맛도 중화시킬 수 있고, 이미 한 번 익었기 때문에 새우와 살짝 볶으면 돼 식감과 색감 모두 살릴 수 있어요.

RECIPE

1-2 참기름을 제외한 양념을 모두 섞어 숙성시킨다.

3 마늘쫑은 5cm 길이로 썬다.

4 끓는 물에 소금을 넣고 마늘쫑을 30초 삶는다.

5 새우는 해동하고 양파는 2.5cm 두께로 사각썰기한다.

6-7 기름을 두른 팬에 새우를 볶다가 반 정도 익으면 마늘쫑과 양파를 넣어 함께 볶는다.

8-9 양파가 반투명해지면 양념을 넣고 함께 볶은 후 참기름과 깨를 뿌려 마무리한다.

PURE RECIPE

낙지는 고단백 저칼로리 식품이어서 다이어트에 좋고 아미노산과 타우린이 풍부하게 들어 있어 간 건강에도 좋답니다. 개인적으로 매운 음식은 별로 안 좋아하지만, 낙지 볶음은 거부할 수 없어요. 다 먹고 남은 양념에 밥을 볶아 먹는 그 맛을 그 누가 거부할 수 있겠어요. 아삭한 콩나물과 곁들이면 매운맛이 중화되어 더 맛있는 것 같아요. 밥을 볶아 먹어도 좋고 소면을 삶아서 함께 먹어도 색다른 맛이지요.

낙지 볶음과 콩나물 무침

재료 낙지 300g, 콩나물 100g, 양배추 100g, 양파 80g, 당근 20g, 파 20g, 청양고추(기호에 따라 생략 가능)

양념 고추장 1½T, 고춧가루 2T, 설탕 3T, 간장 1T, 마늘 1T, 참기름 적당량

> **TIP** **비린내 없이 콩나물 데치기** 콩나물은 처음부터 찬물에 넣고 데치거나, 아니면 끓는 물에 넣고 뚜껑을 열고 데쳐야 콩 비린내가 나지 않아요. 콩 부분을 먹었을 때 콩 비린내가 나지 않으면 돼요.

RECIPE

1 양념 재료를 모두 섞어 양념장을 만들어 숙성시켜 둔다.

2 낙지는 머리(내장)를 제거하고 굵은 소금 또는 밀가루로 박박 문질러 깨끗한 물이 나올 때까지 씻는다.

3 씻은 낙지는 먹기 좋은 크기로 썰어 놓는다.

4-5 양파, 양배추, 당근은 1×4cm 두께로, 파(4cm 길이)와 청양고추는 어슷썬다.

6 콩나물은 찬물에 함께 넣고 비린내가 나지 않도록 데친 후 헹구어 물기를 뺀다.

7 기름을 두른 팬에 다진 마늘을 넣고 볶다가 낙지를 넣고 볶는다.

8-10 낙지가 3분의 1 정도 익으면 파와 청양고추를 제외한 채소를 넣고 함께 볶다가 양념장을 넣고 골고루 섞어가며 볶는다.

11-12 마지막으로 파, 청양고추를 넣고 조금 더 볶다가 참기름과 깨로 마무리한다.

타코를 굉장히 좋아하는데 보통 타코에는 매운맛이 포함되어 있는 경우가 많아요. 아무래도 아이 엄마이다 보니 저 혼자 먹자고 타코를 사 먹지는 못하겠더라고요. 그래서 아이들과 먹을 수 있는 타코를 고민하다 만든 메뉴예요. 망고의 단맛 덕분에 설탕을 많이 넣지 않아도 되는 장점도 있답니다. 아예 설탕을 빼고 망고만으로 살짝 달달한 맛을 내도 좋아요.

소고기 망고 볶음과 토르티야

재료 다진 소고기 200g, 망고 80g, 양파 30g, 파프리카 30g, 피망 20g, 토르티야 1장

고기 양념 간장 2T, 설탕 1½T, 다진 마늘 2/3T

곁들이는 소스 우유 5T, 호두 6g, 크림치즈 1/2T, 소금 한 꼬집

> **TIP**
>
> **생 망고 vs. 냉동 망고** 제철이라면 생 망고를, 구할 수 없을 땐 냉동 망고를 사용해도 무방해요.
>
> **망고 볶기** 망고를 볶으면 많이 뭉그러져 형태가 사라지니 너무 작게 자르지 않는 것이 좋아요.
>
> **간 맞추기** 망고를 넣고 볶은 후, 망고의 단맛을 보고 설탕 양을 조절하세요.

PURE RECIPE

RECIPE

1. 양파, 파프리카(빨강, 노랑), 피망은 0.7×0.7cm 크기로 깍둑썰기하고 얼린 망고는 2×2cm 크기로 썬다.
2-3. 다진 마늘을 넣고 소고기를 물기 없이 볶다가 양파를 넣고 반 정도 익을 때까지 볶은 후 간장, 설탕을 넣는다.
4. 고기에 간이 배면 파프리카와 피망을 넣고 한 번 더 볶는다.
5. 센불에서 망고를 넣고 볶는다.
6-8. 우유, 호두, 크림치즈를 다 넣고 간 후 소금 한 꼬집을 넣고 약불에서 은근히 끓이다가 걸쭉해지면 불을 끈다.
9. 토르티야에 소고기 망고 볶음과 호두 소스를 곁들여 먹는다.

*토르티야는 프라이팬에 살짝 구워 먹어야 맛있어요.

병아리콩은 정말 왜 이렇게 맛있는 걸까요? 슈퍼푸드가 괜히 슈퍼푸드가 아니에요. 병아리콩은 지방은 적고 단백질과 식이섬유가 풍부해서 다이어트에도 좋지만 당뇨가 있거나 콜레스테롤이 높은 분들께도 좋은 음식이에요. 그냥 삶아서 간식으로 먹어도 고소하고 맛있지만 졸여서 먹으면 밥반찬으로도 훌륭하답니다. 호박이나 고구마를 곁들여도 좋아요. 이번 레시피에서는 고구마를 이용해 볼게요.

고구마 병아리콩 조림

재료 병아리콩 200g, 고구마 100g

조림 양념 물 300ml, 간장 50ml, 설탕 30g, 식용유 1t

마무리 양념 올리고당, 참기름, 깨 적당량씩

> **TIP 병아리콩 준비하기** 고구마를 콩과 함께 졸이면 익는 속도가 달라 뭉그러질 수 있으므로 따로 조리하세요. 병아리콩은 충분히 불리는 과정이 중요하고 잘 삶아야 해요. 푹 삶지 않은 채 양념을 넣고 끓이면 식은 후 다시 딱딱해질 수 있어요.

RECIPE

1 병아리콩은 하루 전날 물을 두 배 이상 넉넉히 넣고 불려 준다.

2-4 불린 병아리콩은 중불에서 15분 정도 삶는다(딱딱하면 물을 보충해서 조금 더 삶는다). 삶은 물은 한 번 버리고 물과 조림 양념을 넣고 다시 끓인다.

5-6 고구마는 1×1×1cm 크기로 자른 후 물에 헹구어 전분기를 제거한다.

7 기름을 두른 팬에 고구마를 넣고 절반 이상 익을 때까지 약불로 볶는다.

8 병아리콩 양념이 3분의 1 정도 남았을 때 볶은 고구마를 넣고 양념을 더해 조금 더 졸인다.

9-10 다 익으면 올리고당과 참기름을 넣고 센불에서 한 번 볶아낸 후 깨를 뿌려 마무리한다.

고등어는 비린 맛이 강해서 호불호가 있는 생선이지요? 구워서 맛있는 양념에 살짝만 졸이면 비린내도 싹 잡히고 너무 맛있어서 그야말로 밥도둑이랍니다. 너무 오래 졸이지 말고 겉면에 양념이 촉촉하게 입혀지면 건지세요. 자작한 국물에 생선살을 찍어 먹으면 맛있어요. 만능 데리야키 소스는 대량으로 만들어서 냉장고에 보름 정도 보관하면서 두루두루 활용하세요.

고등어 꽈리고추 알마늘 조림

재료 고등어 한 마리(소금 간 하지 않은 것), 꽈리고추 10개, 알마늘 10개, 표고버섯 2개
*기호에 따라 다른 버섯 사용 가능

고등어 재우는 양념 청주 2T, 소금 1t, 생강즙 1t

양념장 만능 데리야키 소스

<p.260 요리가 쉬워지는 만능 양념장>에 만능 데리야키 소스 만드는 비법이 있어요.

TIP
알마늘 볶기 알마늘을 통으로 볶으면 잘 익지 않으니 절반으로 잘라 주세요.
꽈리고추 손질하기 꽈리고추가 너무 길 때는 사선으로 절반씩 자르면 됩니다.

RECIPE	1	고등어는 사선으로 칼집을 내고 소금, 청주와 생강즙을 발라 재운다.
	2	꽈리고추는 꼭지를 따서 씻고 알마늘은 절반씩 자르고 표고는 밑동을 잘라 씻는다.
	3	고등어는 물기를 제거하고 기름을 두른 팬에 노릇하게 굽는다.
	4	다른 팬에 기름을 두르고 마늘을 볶다가 반 정도 익으면 꽈리고추와 표고버섯을 넣고 조금 더 볶은 후 양념장 3분의 1을 넣어 졸인다.
	5	구운 고등어를 넣고 양념장을 다 부어 고등어에 끼얹으며 졸인다.
	6	고등어는 익은 상태이므로 오래 졸이지 않아도 되고 국물이 자작하게 남으면 접시에 담고 깨를 뿌려 마무리한다.

임금님 수라상에 올랐던 오이갑장과*에 파프리카와 버섯을 넣어 영양과 색을 더했어요. 임금님이 드셨던 음식이니만큼 맛도 좋겠지요? 이 음식의 포인트는 꼬들꼬들한 오이예요. 잘 절인 오이를 살짝 볶아 달달한 소고기와 곁들이면 느끼함도 덜 하고 음식 궁합도 참 좋아요. 조금 번거로울 수 있지만 재료를 따로 볶으면 예쁜 식감을 더욱 잘 살릴 수 있어요.

*오이갑장과: 소금에 절인 오이를 볶아 만든 장아찌이다. 오이를 막대 모양으로 썰어 소금물에 절인 후 채썰어 양념한 쇠고기와 고버섯을 볶다가 절인 오이를 꼭 짜서 넣어 살짝 볶아 실고추를 올린 요리.

소고기 오이 버섯 볶음

재료 채썬 소고기(불고기용을 잡채용 두께로 준비) 100g, 오이 100g, 새송이버섯 또는 표고버섯 100g, 파프리카 70g

고기 양념 간장 1T, 설탕 1T, 다진 마늘 1/3T, 생강즙 1/2T, 참기름 1T

마무리 양념 깨 1T, 참기름 1/2T, 소금 적당량(간이 부족할 시)

> **TIP**
>
> **오이 썰기&절이기** 오이를 너무 얇게 썰면 소금에 절여 물기를 짜면 수분이 빠져 더 가늘어지고 꼬들거리는 식감이 떨어져요. 짜게 절이지 말고 물기를 짠 후 간을 맞춰 볶으면 쉽게 조리할 수 있어요.
>
> **고기 간하기** 고기에 밑간을 하기 때문에 다른 채소와 함께 볶을 때 추가로 간을 하면 짜질 수 있는 점 기억하세요!

RECIPE	1	소고기는 핏물을 제거하고 양념에 재워 놓는다.
	2-4	오이는 반을 갈라 씨를 제거한 후 1×4cm 두께에 6mm 길이로 썰어 소금에 절인다.
	5	새송이버섯과 표고버섯, 파프리카(빨강, 노랑)도 1×4cm 크기로 썬다.
	6	오이는 물에 헹군 후 물기를 꼭 짜고 간이 싱거우면 소금을 넣어 그냥 먹어도 맛있는 간으로 버무려 놓는다. 간이 센 경우 물에 더 헹구어 물기를 짠다.
	7-8	소고기는 수분을 날리며 볶다가 거의 다 익으면 버섯을 넣고 바짝 볶는다.
	9	다른 팬에 참기름과 식용유를 반반씩 팬에 두르고 오이를 볶다가 파프리카를 넣고 볶는다. 간이 부족하면 소금을 조금 더 넣는다.
	10	❽의 볶은 고기에 ❾를 넣고 센불에서 볶은 후 참기름을 둘러 마무리한다.

전류

두부 스테이크
두부 구이와 소고기 양념장
감자 아보카도 치즈전
육전
연근전
연근 버섯 떡갈비
소고기 팽이버섯전
고기 채소전
돼지고기 오징어 양배추전
단호박 채소전

두부는 밭에서 나는 소고기인 거 아시지요? 소화력이 약한 어르신이나 아이들은 다진 채소를 곁들여 조리하면 맛도 좋을 뿐 아니라 건강에도 부족함 없는 한 끼 식사가 됩니다. 고기로 만든 함박스테이크가 부담되고 무겁다면 두부 스테이크를 추천해요. 맛이 조금 심심하면 스테이크 소스나 케첩을 곁들여 드세요.

두부 스테이크

재료 두부 300g, 새송이버섯(또는 양송이버섯, 표고버섯) 20g, 양파 20g, 당근 10g, 부추 5g

양념 달걀 1개, 빵가루 2T, 소금 1/3T

TIP 채소 물기 없애기! 채소의 물기가 많으면 스테이크를 익힐 때 겉은 익고 속은 질척이므로 채소들의 물기를 최대한 없애는 것이 중요해요!

RECIPE

1. 새송이버섯(다른 버섯도 가능), 양파, 당근, 부추는 잘게 다진다.
2. 다진 채소들은 기름 한 숟가락 넣은 팬에 넣고 물기 없이 볶는다.
3. 볶은 채소를 식히는 동안 두부는 면포에 넣고 반죽이 질척이지 않도록 물기를 꼭 짠다.
4. ❷의 볶은 채소와 ❸의 두부를 섞고 양념을 넣어 치댄다.
5. 먹기 좋은 크기로 모양을 만들어 식용유를 두른 팬에 부친다.
6-7. 스테이크 중간을 눌러서 단단해질 때까지 앞뒤로 노릇하게 익힌다.

PURE RECIPE

두부 조림을 하면 두부가 흐물거리잖아요. 바로 구워서 먹는 걸 좋아해서 양념장을 따로 해서 먹고 싶었어요. 일반적인 간장에 고춧가루를 넣은 양념장도 맛있기는 하지만 고급스러움은 덜하죠? 고기 양념장을 만들었다가 따뜻하게 두부를 구워 위에 올리면 특별하면서 고급스러운 메인 요리가 될 수 있어요. 이번 레시피는 물을 넣어 자작하게 만들었지만, 간장과 설탕만 좀 줄여서 깔끔하게 고기를 올려도 좋아요.

두부 구이와 소고기 양념장

재료 두부 1모, 간 소고기 100g, 부추(고명용) 5g

양념 물 100ml, 간장 1½T, 설탕 2T, 마늘 1/2T, 참기름 1/2T, 깨 적당량

> **TIP**
>
> **두부 손질하기** 소고기 양념장을 얹어서 먹는 음식이기 때문에 간을 너무 세게 하지 않아도 돼요. 물기를 제거해야 구울 때 기름이 많이 튀지 않아요.
>
> **소고기 볶기** 두부도 기름을 두르고 굽기 때문에 소고기 양념장이 느끼하면 안 돼요. 가급적 기름 없이 고기의 수분으로만 볶아 주세요. 또 소고기를 너무 센불에서 볶으면 고기가 뭉쳐요. 약불 또는 중불에서 뭉치지 않게 잘 풀어가며 볶는 것이 포인트예요!
>
> **양념장은 간간하게 간하기** 두부가 삼삼하기 때문에 소고기 장이 간간해야 먹을 수 있어요.

RECIPE

1. 두부를 먹기 좋은 크기로 썬다.
2. 소금 간을 살짝 한 후 키친타월로 물기를 제거한다.
3. 기름을 두른 팬에 두부를 넣고 노릇노릇하게 굽는다.
4. 다른 팬에 너무 불을 세게 올리지 말고 마늘과 소고기를 잘 풀어가며 볶는다.
5. 소고기가 익으면 간장과 설탕을 넣고 볶다가 물을 넣는다.
6. 물이 끓으면 간을 보고 참기름과 깨를 넣는다.
7. 준비한 재료를 모두 섞어 양념장을 만들어 구운 두부 위에 뿌리고 부추로 장식한다.

아보카도는 다루기 까다로운 식재료이지요? 너무 익어서 살짝 색이 변하면 먹을까 말까 고민되지요. 그래서 생각해 낸 메뉴예요. 아보카도를 불에 익혔더니 약간 호박 같은 느낌이 나면서 부드럽고 고소한 것이 너무 맛있는 거 있지요? 감자전에 넣으니 딱히 이렇다 할 맛은 없지만 거부감이 없고, 심지어 맛있기까지 해요. 색감도 은은하니 예뻐서 한층 더 식욕을 자극하고요. 치즈까지 들어가니 맛이 없을 수가 없어요. 먹어 본 분들 모두 엄지척하는 메뉴이니 꼭 만들어 보세요.

감자 아보카도 치즈전

재료(한 장) 감자 300g, 아보카도 반 개, 양파 50g, 당근 20g, 모차렐라치즈(기호에 따라 양 조절)

양념 소금 한 꼬집, 밀가루 80g

> **TIP**
>
> **아보카도 쉽게 썰기** 아보카도는 칼날을 세워서 썰면 덜 달라붙어 쉽게 썰 수 있어요.
>
> **밀가루 양은 적게** 채소에 밀가루를 너무 많이 무치지 않는 것이 좋아요. 기름을 넉넉히 두르고 튀기듯이 부치는 것이 포인트니까요.
>
> **요령 하나 더!** 소금을 골고루 잘 섞어 밀가루를 묻히고, 바로 부치지 말고 수분이 생겨 살짝 엉겨 붙기 시작하면 부치는 것이 좋아요.

RECIPE

1 감자는 껍질을 벗긴 후 채썰어 물에 담가 놓는다.
2 아보카도는 껍질을 벗긴 후 채썬다.
3-5 양파와 당근은 채썰고, 감자는 물기를 뺀다.
6 볼에 감자, 아보카도, 당근, 양파를 담고 소금과 밀가루를 넣어 섞는다.
7 팬에 기름을 넉넉하게 두르고 반죽을 넣은 후 튀기듯이 부친다.
8-9 따뜻한 전 위에 모차렐라치즈를 올려 마무리한다.

고기가 퍽퍽하면 바로 구워서 먹을 때는 괜찮은데 식었을 때 너무 질기더라고요. 잘 재워서 달걀물을 입혀 지지면 냉장고에 뒀다가 다음날 꺼내 먹어도 퍽퍽하지 않고 질기지 않아요. 마트에서도 쉽게 파채를 구매할 수 있으니 새콤달콤하게 무쳐 함께 먹으면 더욱 맛있어요. 부추 무침이나 고추, 양파 피클도 좋아요.

육전

재료 소고기 홍두깨살 300g, 달걀 120g(약 2개), 밀가루 적당량

고기 양념 배(또는 배 주스) 3T, 양파 2T, 미림 또는 청주 1T, 소금 1/3T, 마늘즙 1/3T

TIP

소고기 손질하기 소고기의 핏물을 잘 제거하지 않으면 달걀을 입혀 부쳤을 때 부침옷이 벗겨질 수 있고 핏물 때문에 고기 간이 싱거워질 수 있어요. 양념을 발라 재운 고기에서 핏물이 흥건하게 빠지니 채반에 받쳐 물기를 꼭 빼 주세요.

고기 재울 양념 만들기 핸드믹서를 이용할 때 곱게 갈리지 않는다면 체에 걸러 건더기는 걸러내고 재워 주세요. 양념 건더기가 많이 묻으면 부쳤을 때 모양도 안 예쁘고 탈 수 있어요.

부칠 때 고기가 얇기 때문에 금방 익어요. 자주 뒤집지 말고 한두 번 정도만 뒤집으며 익혀 주세요.

RECIPE

1. 홍두깨살은 키친타월에 올려 핏물을 제거한다.
2. 고기를 재울 양념은 갈아서 섞는다.
3. 양념을 고기 위에 바르고 40분 재운다.
4. 고기의 물기를 뺀다.
5. 밀가루, 달걀 순으로 옷을 입힌 후 부친다.
6-7. 앞뒤로 뒤집으며 노릇노릇하게 굽는다.

연근이 지혈 작용에 효능이 있다고 해서 먹이고 싶은데 잘 안 먹으려고 하더라고요. 졸여 먹이는 것도 한계가 있고요. 전을 부쳐 먹으면 꽤 많은 양을 한 번에 쉽게 먹일 수 있어요. 특히 연근이 제철인 가을에는 아무 양념을 하지 않아도 연근 자체의 달큰함만으로도 너무 맛있어요. 중불에서 은은하게 익히되, 혹시 반죽이 잘못되어 부치다가 흐물거려도 식으면 쫀득해져서 맛있어요.

연근전

재료 연근 400g, 부침가루(밀가루 대체 가능) 3T, 소금 한 꼬집

TIP **연근 갈기 & 간하기** 연근 자체에 수분이 많기는 하지만 믹서로 갈 때는 물을 넣어야 잘 갈려요. 간 연근을 반죽하려면 많은 양의 부침가루가 들어가야 농도가 맞춰지니 가급적이면 믹서보다는 강판을 이용하세요. 연근이 맛있는 제철에는 딱히 간을 하지 않아도 맛있고, 부침가루에도 약간의 간이 되어 있으니 그냥 부쳐도 좋아요.

반죽하기 되직해질 때까지 부침가루를 넣으면 부쳤을 때 너무 딱딱해지고 연근 본연의 맛을 느낄 수 없어요. 조금 질척거리는 느낌이 들어야 부치고 나서 식었을 때 쫀득하고 맛있답니다. 1T(약 9g) 가득 떠서 3T 정도 넣으세요.

RECIPE

1 연근은 껍질을 벗긴 후 강판에 간다.
2 갈아 놓은 연근이 240g 정도가 되도록 물기를 짠다.
3 ❷의 연근에 부침가루와 소금을 넣어 골고루 섞는다.
4-6 숟가락으로 동그랗게 떠서 앞뒤로 뒤집으며 노릇하게 부친다.

연근이 좋은 것은 너무 잘 알고 있고, 먹음직스러워 보여서 사긴 샀는데 조림만 하기에는 양이 많고 전을 해 먹기에는 남은 양이 너무 적어 애매할 때 있잖아요. 이럴 땐 다지세요. 다져서 소고기에 넣고 치대어 구우면 그야말로 영양 만점 떡갈비가 됩니다. 연근의 아삭함을 즐기고 싶거나 칼질이 서툴러서 다지는 것이 어렵다면 약간 크게 다져도 괜찮아요. 오히려 퍽퍽한 소고기에 아삭함이 더해지면 재밌고 맛있는 식감을 즐길 수 있어요.

연근 버섯 떡갈비

재료 다진 소고기 300g, 연근 50g, 새송이버섯 40g, 떡 30g, 당근 10g

양념 간장 3T, 설탕 3T, 마늘 1½T, 참기름 1T

TIP

재료 치대기 반죽을 많이 치대서 고기 안에 공기를 빼 주면 부칠 때 갈라지지 않고 찰기가 생겨 모양도 예쁘고 맛도 좋아요.

요령 하나 더! 너무 센불에서 부치면 겉만 타고 속은 익지 않으므로 겉면을 익힌 후 팬 뚜껑을 덮어 익히세요. 고기의 육즙이 빠져나가지 않고 속까지 잘 익어요.

RECIPE	1	다진 소고기는 양념을 넣고 재워 놓는다.
	2-4	연근과 새송이버섯, 당근은 잘게 다진다.
	5	떡은 모양을 살려 얇게 썬다.
	6-7	연근은 물에 데친 후 식힌다.
	8	다진 소고기에 데친 연근, 새송이버섯을 넣고 치댄다.
	9-10	❽의 재료에 떡을 넣고 동그랗게 모양을 잡는다.
	11-13	기름을 두른 팬에 부친다.

팽이버섯이 질겅거리는 식감이 있어서 '과연 맛있을까?' 싶었어요. 그냥 달걀물을 입혀서 만들어도 맛있긴 하더라고요. 하지만 조금 심심하다는 생각을 했죠. 조금 더 영양가 있고 화려했으면 좋겠는데 말이에요. 팽이버섯이 금방 익기 때문에 다진 소고기를 이용하면 좋겠더라고요. 당근과 부추를 더하니 색도 너무 예뻐졌네요. 곁들인 초간장 레시피에 알싸한 양파나 청양고추를 넣어 먹으면 더욱 맛있답니다.

소고기 팽이버섯전

재료 팽이버섯 2묶음, 다진 소고기 50g, 당근 20g, 부추 5g, 달걀 2개, 미림 또는 청주 1/2T, 소금 적당량

양념장 만능 초간장, 양파, 청양고추(기호에 따라)

<p.260 요리가 쉬워지는 만능 양념장>에 만능 초간장 만드는 비법이 있어요.

> **TIP**
>
> **달걀 풀기&간하기** 달걀을 잘 풀어 놓지 않으면 알끈 때문에 팽이버섯에 달걀물이 잘 입혀지지 않아요. 곱게 풀어 주고 체에 걸러도 좋아요. 구울 때 팽이버섯에서도 수분이 나와 싱거워지므로 달걀물에 꼭 소금 간을 해 주세요.
>
> **요령 하나 더!** 구울 때는 팽이버섯에서 수분이 많이 나오기 때문에 너무 허옇게 익히면 씹을 때 질겅거릴 수 있어요. 앞뒤로 노릇하게 잘 익혀 주세요.

RECIPE

1 팽이버섯은 밑동을 자르고 당근은 얇고 짧게 채썰어 놓는다.
2 부추와 고추는 쫑쫑 썬다.
3 달걀물을 잘 푼 후 미림(또는 청주)과 소금을 넣고 잘 섞는다.
4 ❸의 달걀물에 소고기, 당근, 부추를 넣어 섞는다.
5 팽이버섯 앞뒤로 달걀물을 골고루 입힌 후 기름을 두른 팬에 굽는다.
6-7 소고기가 익고 앞뒤로 노릇해지면 완성!

PURE RECIPE

고기전은 두말할 필요가 없지요? 생일상, 손님상, 명절에 빠지지 않는 메뉴인데 맛있게 하는 게 어려워요. 두부만 많이 들어가면 감칠맛이 없고, 고기만 많으면 퍽퍽하고, 야채가 많으면 질척거리니 재료의 비율이 중요해요. 많이 만들어 뒀다가 고추, 깻잎 등 다양한 전의 소로 활용해 보세요. 익힌 당면을 다져 조금 넣고 동그랗게 굴려 익히면 굴림만두가 된답니다. 크고 넓적하게 부치면 햄버거 패티로 이용할 수도 있어요.

고기 채소전

재료 다진 돼지고기 300g, 두부 240g, 양파 60g, 호박 60g, 당근 40g, 부추 12g

양념 달걀 1개, 다진 마늘 1⅓T, 소금 1T, 설탕 1/2T, 참기름 1T

> **TIP**
>
> **채소 다지기** 채소가 크면 잘 뭉쳐지지 않고 부칠 때 채소가 떨어져 나오니 곱게 다져 주세요.
>
> **반죽 치대기** 양손으로 왔다 갔다 하면서 잘 치대야 공기가 빠지면서 부쳤을 때 갈라지지 않아요.
>
> **굽는 요령** 두꺼운 고기를 익힐 때는 기름을 넉넉히 넣어야 속까지 잘 익어요. 타기 쉬우니 겉면이 익었으면 뚜껑을 덮어 수증기로 익히는 것도 좋아요. 익으면서 볼록하게 올라와 크기가 작아지고 두툼해져요. 그러니 원하는 크기보다 더 크게 만들어서 부치세요.

RECIPE

1-3 두부는 면포를 이용해 물기를 짝 빼고 뭉친 곳이 없도록 잘 풀어 놓는다.
4 양파, 당근, 호박, 부추는 다진다.
5 달걀에 소금과 설탕을 넣고 달걀물을 풀어 준다.
6-7 다진 돼지고기와 채소, 두부, 양념을 넣고 잘 치댄다.
8 적당한 크기로 동그랗게 만든다.
9-11 기름을 넉넉히 두른 팬에 올려 앞뒤로 노릇노릇 굽는다.

몸에 좋은 양배추를 생으로 먹으면 너무 좋겠지만, 사실 생양배추는 한 줌 먹으면 끝이지요. 이색적으로 전으로 부쳐 먹으면 어떠세요? 수분이 많아서 부치기 힘들 것 같지만 그렇지 않아요. 한국판 오코노미야끼라고 할 수 있겠죠. 오징어가 없다면 고기만 듬뿍 넣어도 맛있어요. 양배추의 단맛이 전의 맛을 한층 더 풍성하게 해 준답니다. 맥주 안주로도 좋고, 초간장을 곁들이면 또 다른 맛을 즐길 수 있어요.

돼지고기 오징어 양배추전

재료(두 장) 다진 돼지고기 100g, 오징어 100g, 양배추 90g, 양파 60g, 호박 30g, 당근 30g, 부추 10g

양념 달걀 1개, 쯔유 1/2T, 물 120, 부침가루 85g, 튀김가루 25g

양념장 만능 초간장

<p.260 요리가 쉬워지는 만능 양념장>에 만능 초간장 만드는 비법이 있어요.

TIP

오징어 손질하기 오징어가 두꺼우면 반죽에 섞이지 못하고 구울 때 떨어지니 얇게 썰어 주세요. 데친 오징어를 이용해도 괜찮아요.

쯔유는 적당히 부침가루에 간이 되어 있기 때문에 많이 넣으면 짜요. 감칠맛을 위해 소량만 넣을게요.

부칠 때는 기름을 넉넉히 전을 부칠 때는 기름이 적으면 골고루 익지 않고, 색도 어떤 부분은 허옇고 어떤 부분은 타 버려요. 바삭하게 익혀 주세요.

RECIPE

1. 오징어는 얇게 썬다. 다리도 손가락 한 마디 크기로 썬다.
2-3. 부추는 손가락 한 마디 정도로 썰고 양배추는 5mm 두께로 채썬다.
4. 양파, 당근, 호박도 3mm 두께로 채썬다.
5. 오징어, 손질한 채소, 다진 돼지고기를 넣고 쯔유를 넣은 뒤 섞는다.
6. 준비한 분량의 부침가루와 밀가루에 물과 달걀물을 풀어 넣어 골고루 섞는다.
7. ❻을 ❺의 재료에 넣어서 잘 섞는다.
8-9. 반죽을 한 후 기름을 두른 팬에 노릇하게 부친다.

단호박은 비타민A가 풍부하고 콜레스테롤 수치를 낮춰 성인병을 예방하는 데 도움을 주는 좋은 채소예요. 단호박을 그냥 구워서 먹기는 힘들지요. 단맛이 강하지 않기 때문에 갈아서 전을 부쳐 먹으면 의외로 맛있어요. 특히 아이들도 좋아하기 때문에 단호박을 강하게 거부하는 아이들에게 조금씩 시도해 보면 좋을 것 같아요. 소금 간을 적당히 해야 거부감이 덜할 거예요.

단호박 채소전

재료 단호박 200g, 양파 60g, 당근 20g

전 반죽 부침가루 150g, 튀김가루 50g, 물 140g, 소금 1/2T

TIP

호박 껍질 쉽게 벗기기 필러로 껍질을 벗겨도 좋지만 딱딱해서 손이 다칠 수 있어요. 잘 쪄진 단호박은 숟가락으로 쉽게 껍질을 분리할 수 있답니다.

전 부치기 단호박에 수분이 많기 때문에 반죽을 한 후 오래 두면 부칠 때 힘들어요. 부치기 직전에 반죽하고 기름을 넉넉히 둘러 노릇하게 부쳐 주세요.

전 박죽은 기호에 맞게 부침가루나 튀김가루 대신 밀가루만으로 부쳐도 맛있어요. 단, 밀가루는 소금 간을 조금 더 해야 해요.

요령 하나 더! 당근은 너무 굵으면 안 익을 수 있으니 조금 얇게 썰어 주세요. 채칼을 이용하면 좋아요.

RECIPE	1	단호박은 반으로 갈라 숟가락을 이용하여 씨를 제거한다.

2 먹기 좋은 크기로 길게 자른 후 전자레인지에 6분 정도 익힌다. ★ 전자레인지 성능에 따라 시간을 조절해 주세요.

3 단호박이 쪄지는 동안 양파, 당근은 채썬다.

4-5 익은 단호박은 껍질을 제거하고 블렌더에 간다. 호박이 푹 익었으면 꾹꾹 눌러서 으깬다.

6-7 간 호박에 물과 소금, 양파와 당근을 넣은 후 부침가루와 밀가루를 넣어 잘 섞는다.

8-9 팬에 식용유를 두르고 반죽을 동그랗게 한 숟가락씩 떠서 노릇노릇 부친다.

국

낙지연포탕

소고기 미역국

우삼겹 된장찌개

참치 김치찌개

바지락 배추 미나리탕

버섯 조랑떡 들깨탕

오징어 무국

황태 감자 달걀국

새우 순두부탕

대접하고 싶은 손님이 올 때 준비하면 좋은 메뉴예요. 깔끔하고 시원해서 남녀노소 누구에게나 환영받을 거예요. 낙지 대신 문어로 대체해도 좋고, 여기에 새우까지 넣으면 맛은 물론 보기에도 한층 더 고급스럽겠지요. 남은 육수에 우동 사리나 칼국수를 넣으면 든든한 한 끼 식사로도 손색이 없겠지요.

낙지연포탕

재료 낙지 1마리, 팽이버섯 150g, 콩나물 100g, 무 50g, 호박 40g, 당근 20g, 쑥갓 한 줌, 청양고추 또는 홍고추(기호에 따라 생략 가능)

양념 국간장 1/2T, 천일염 2/3T, 다진 마늘 1/2T

육수(700ml) 멸치(머리와 내장 제거), 다시마, 양파

> *** 멸치 육수 내기 ***
>
> 멸치 육수는 물 1.2L에 멸치 30g과 다시마 3g이 기준입니다. 센불로 10분, 중불로 10분 끓이면 500~600ml 정도가 나옵니다.
>
> 찬물에 내장과 머리를 제거한 멸치와 다시마를 넣고 끓여 육수를 내세요. 이때 다시마는 물이 끓기 시작하면 반드시 건져 주세요. 오래 끓이면 점성이 생겨 국물이 끈적해지니까요. 또 하나, 멸치 육수에 더 깊은 맛을 원하면 양파 반, 파 반 대, 건새우, 황태 등을 조금 넣고 함께 끓이면 훨씬 맛있는 육수를 맛볼 수 있습니다. 책에서는 최대한 쉽게 조리하기 위해 간단한 육수법을 소개하였습니다.

TIP

낙지 익히기 낙지는 너무 오래 익히면 쪼그라들고 질겨지므로 샤부샤부 하듯 살짝 익혀 주세요.

요령 하나 더! 당근은 맛보다는 고명으로 색을 내기 위한 것이므로 많이 넣지 마세요.

RECIPE

1. 머리와 내장을 제거한 멸치, 무, 양파를 다시 팩에 넣고 20분간 끓인다. 다시 마는 찬물에 넣고 끓이다가 물이 끓기 시작하면 건져낸다.
2. 낙지는 내장을 제거하고 굵은 소금 또는 밀가루로 문질러 깨끗하게 씻어 놓는다.
3. 육수가 우려지는 동안 무, 호박은 3×3×0.4cm 크기로 썰고 당근은 반달 모양으로 얇게 썰어 놓는다.
4. 콩나물과 쑥갓은 씻어 놓고 팽이버섯은 먹기 좋게 찢어 놓는다.
5. 20분 정도 육수를 우린 후 다시 팩을 건져내고 국간장 한 숟가락, 무를 넣어 익힌다.
6. 콩나물을 넣고 끓이다가 호박, 당근을 순서대로 넣는다.
7. 소금으로 간을 맞추고 낙지를 마지막에 넣어 데치듯 익힌다.
8. 쑥갓과 청양고추(또는 홍고추. 기호에 따라 생략 가능)로 마무리한다.

139

보통 미역국에 소고기를 볶아서 넣지요? 저는 깔끔한 맛을 위해 양지를 푹 고아 육수를 내서 조리해요. 고기를 볶지 않는 대신 미역을 숨이 죽을 때까지 아주 잘 볶아주는 것이 포인트예요! 대량으로 육수를 내어 소분하여 냉동실에 보관했다가 사용하면 국물 요리에 깊은 맛을 더할 수 있고 오랜 시간 끓이지 않아도 훌륭한 맛을 낼 수 있답니다. 국물 요리는 육수에 따라 맛이 크게 좌우되거든요.

소고기 미역국

재료 건미역 25g, 양지 육수 1L, 다진 마늘 1T, 참기름 1T

양념 국간장 1T, 천일염 1T

양지 육수 양지 1근, 물 3L

> ·····* 양지 육수 내기 *·····
>
> 핏물이 있는 고기를 찬물에 풍덩 넣고 끓이면 핏물이 응고되면서 육수가 탁해져요. 끓는 물에 고기 겉면이 살짝 응고될 정도로만 익혀 한 번 씻어내고, 다시 물을 끓여 고기를 넣고 육수를 우려 주세요. 1시간 이상 핏물을 뺀 양지를 끓는 물에 넣고 센 불 10분, 중불 30분, 약불 30분, 물 3L를 두세 번에 나누어 넣어 끓이세요. 남은 육수나 고기는 냉동 보관했다가 소고기 무국을 끓여도 좋아요.

> **TIP**
>
> **미역 씻기 & 볶기** 미역을 손으로 너무 문지르면서 씻으면 미역에서 진이 나오고 잘 안 씻으면 모래가 나올 수 있어요. 자르지 않고 흐르는 물에 흔들어가며 잘 씻어 주세요. 미역의 숨이 완전히 죽어 흐물거릴 때까지 볶아야 해요. 덜 볶으면 비린내도 나고 맛이 덜하답니다.
>
> **요령 하나 더!** 미역국은 끓이면 끓일수록 깊은 맛이 난답니다. 단, 간장을 너무 많이 넣으면 색이 짙어지고 끓일수록 간장 향이 많이 나요. 깔끔한 미역국을 원한다면 천일염으로 간하는 것이 좋아요.

RECIPE	1	양지는 40분 정도 물에 담가 핏물을 뺀다.
	2	미역은 물에 불려 놓는다.
	3	양지를 끓는 물에 넣고 겉면이 응고될 정도로 익힌 후 찬물로 깨끗하게 씻고, 다시 찬물을 받아 물이 끓으면 고기를 넣고 센불에서 10분, 중불에서 30분, 약불에서 30분 정도 육수를 우려낸다.
	4-5	육수가 끓는 동안 미역을 깨끗하게 씻어 먹기 좋은 크기로 썬다.
	6	양지를 건져낸 후 결대로 찢는다.
	7-8	다진 마늘과 참기름을 넣어 미역과 함께 잘 볶다가 국간장을 넣고 조금 더 볶는다.
	9	볶은 미역에 육수를 붓고 찢어 놓은 양지도 함께 넣어 푹 끓인다.
	10	천일염으로 간하고 마무리한다.

기름기가 많은 우삼겹은 된장찌개에 넣으면 지방이 더해져서 구수한 맛이 한층 더 풍부해져요. 가끔 한 번씩 먹으면 별미랍니다. 물을 적게 잡고 짜글짜글하게 끓여 밥에 비벼 먹어도 너무 맛있지요. 이번 레시피에는 구수한 맛을 맛보기 위해 된장만 넣었지만 기호에 맞게 고추장과 고춧가루를 조끔씩 넣어도 좋아요.

우삼겹 된장찌개

재료 우삼겹 150g, 감자 80g, 호박 60g, 표고버섯 또는 느타리버섯 40g, 양파 30g, 두부 반 모, 파, 청양고추(기호에 따라)

육수(500ml) 멸치, 다시마

양념 된장 2T, 마늘 1/2T, 파 적당량, 천일염 1/2T(기호에 따라 가감)

> **TIP**
>
> **다시마 육수 내기 & 활용하기** 다시마는 물이 끓기 시작하면 건져 주세요. 오래 끓이면 점성이 생겨 국물이 끈적해지니까요. 건진 다시마는 잘게 채썰어 먹기 직전에 올려 함께 먹으면 좋아요.
>
> **칼칼한 맛을 원하면** 칼칼하게 먹고 싶으면 고추장을 1/2T 정도 넣어 끓이면 좋고요. 맵지 않은 된장찌개를 원하면 일반 된장을 사용하되, 집 된장이 있으면 반반 섞어 넣으면 좋아요.
>
> **요령 하나 더!** 내장과 머리가 제거된 멸치는 건져내지 말고 함께 먹으면 좋아요. 뼈까지 먹을 수 있는 멸치는 귀한 영양분이 될 거예요.

RECIPE	1	찬물에 내장과 머리를 제거한 멸치와 다시마를 넣고 끓여 육수를 낸다.
	2-5	감자, 호박, 양파는 2cm 크기로 깍둑썰기하고 표고버섯은 채썬다.
	6	육수에 마늘과 된장을 넣고 잘 푼다.
	7-8	감자를 먼저 넣고 끓이다가 감자가 반쯤 익으면 호박, 표고버섯, 양파를 넣는다.
	9	호박이 반쯤 익었을 때 우삼겹을 넣어 데치듯이 익힌다.
	10-11	우삼겹이 다 익으면 소금으로 간을 맞추고 두부와 파를 올린다.

참치는 고단백 저지방 식품이에요. 아미노산이 풍부해 기력 회복에도 좋고 혈관에 좋은 성분이 많이 들어 있답니다. 장수 식품 김치와 함께하면 이보다 더 환상 궁합이 있을까요? 정성껏 담근 김장김치만 있으면 맛은 이미 보장되겠지요! 저는 개인적으로 달걀말이나 달걀프라이와 함께 먹으면 너무 맛있더라고요. 걸쭉하게 끓여서 밥에 슥슥 비벼 드세요.

참치 김치찌개

재료 김치 300g, 참치 150g, 양파 40g, 두부 반 모, 파 15g

양념 고춧가루 2T, 고추장 1T, 천일염 1/2T, 설탕 1/2T

TIP

참치와 김치의 조합 참치 기름에도 조미료 성분이 들어 있고 김치 자체도 훌륭한 감칠맛을 가지고 있기 때문에 특별히 육수를 따로 내지 않아도 돼요. 김치는 볶으면 감칠맛이 배가되지요.

소금 간에 주의! 참치에도 간이 되어 있어 소금 간을 먼저 하면 짤 수 있어요. 참치를 넣고 조금 끓인 후 맛이 우러나면 간을 보고 조절하세요.

요령 하나 더! 고춧가루를 넣고 덜 끓이면 고춧가루의 풋내가 나니 푹 끓여 주세요.

RECIPE

1. 참치는 기름을 반만 제거한 후 그릇에 담아 놓는다.
2-4. 김치는 먹기 좋은 크기로 썰고 양파는 채썰고 두부도 큼직하게 썬다.
5-6. 참치 기름을 넣고 김치와 양파를 볶다가, 김치의 숨이 죽으면 물을 붓고 끓인다.
7. 끓으면 고추장을 풀고 고춧가루를 넣어 끓인다.
8-9. 참치를 모두 넣고 천일염으로 간을 한다. 이때 감칠맛을 원하면 설탕 1t 정도를 넣는다.
10. 두부와 파를 올려 마무리한다.

시원한 바지락 육수에 달짝지근한 배추를 넣어 끓이면 온몸이 힐링되는 것 같은 건강한 맛을 느낄 수 있어요. 포인트는 찜처럼 바지락을 아주 듬뿍 넣는 것인데 조미료 없이 바지락만으로도 깊은 육수의 맛을 낼 수 있어요. 힐링 준비되셨나요?

바지락 배추 미나리탕

재료 육수 700ml, 바지락(해감한 것) 200g, 팽이버섯 150g, 배추 100g, 단호박 100g, 미나리 100g, 당근 30g, 양파, 파, 청양고추(양파, 파, 청양고추는 기호에 따라 양 조절)

양념 마늘 1/2T, 국간장 1/2T, 천일염 1/2T

> **TIP**
>
> **바지락 해감하기** 보통 마트에서 파는 물에 담겨 있는 바지락은 해감이 된 것이에요. 바지락을 소쿠리에 넣고 과하다 싶을 정도로 문질러가면서 씻어 주세요. 이 과정에서 껍질이 부서지는 바지락은 버리세요. 먹을 때 껍질이 씹힐 수 있어요. 맑은 물이 나올 때까지 바지락을 깨끗하게 세척 후 사용하면 깔끔하고 맛있는 육수를 만들 수 있어요.
>
> **바지락 삶기 & 분량** 바지락을 너무 오래 끓이면 살이 질겨지고 쪼그라들어요. 바지락이 입을 열면 익은 거니 오래 끓이지 마세요. 바지락은 기호에 따라 더 넉넉하게 넣어도 돼요. 바지락의 시원한 육수가 포인트니까요. 대신 바지락 양이 많아지면 소금 양은 줄여야 해요.
>
> **미나리 익히기** 미나리는 잘 세척하면 생으로도 먹으니, 마지막 단계에 살짝 익혀서 먹는 것이 좋아요.

> *국물 바닥에 이물질이 가라앉을 수 있으니 최대한 깨끗하게 씻는 게 좋아요.

RECIPE

1. 소금물로 해감한 바지락을 여러 차례 문질러가며 뻘 없이 깨끗하게 씻어 놓는다.
2. 배추는 씻은 후 길쭉하게 썬다.
3. 단호박은 씨를 제거한 후 7mm 간격으로 썰어 놓는다.
4. 파는 송송 썰고, 팽이버섯은 먹기 좋게 찢고, 미나리는 씻어서 5cm 길이로 썬다.
5-6. 바지락이 충분히 잠기게 물을 넣고 끓이다가 입을 벌리면 건져낸다.
7. ❻의 바지락을 건져낸 국물에 배추와 국간장 한 숟가락을 넣고 끓인다.
8. 배추가 반쯤 익으면 단호박을 넣고 함께 끓이다가 바지락을 넣고 한 번 더 끓인다.
9. 천일염으로 간을 맞추고 파와 미나리, 팽이버섯을 올려 마무리한다.

들깨는 항암 성분이 많고 성질이 따뜻하여 몸을 보양해 주는 음식이에요. 조금은 밋밋한 맛의 들깨탕에 쫄깃한 떡을 넣으면 식감이 확 살아나고 탄수화물도 보충할 수 있어요. 저는 고사리를 넣고 끓여 먹기도 해요. 한 그릇 먹고 나면 힘이 불끈 솟아오를 거예요.

버섯 조랑떡 들깨탕

재료 표고버섯 60g, 새송이버섯 60g, 호박 60g, 팽이버섯 20g, 찹쌀가루 30g, 조랑떡(기호에 따라 양 조절)

양념 멸치 육수 800ml, 국간장 1T, 천일염 1/2T

> **TIP**
>
> **들깨가루 풀기** 뜨거운 물에 들깨가루를 바로 넣으면 뭉치기 때문에 곱게 풀어 놓으세요. 너무 묽게 풀어 놓으면 육수에 넣었을 때 농도가 안 맞을 수 있으므로 되직하게 푸는 게 좋아요.
>
> **찹쌀가루를 넣는 이유** 들깨탕의 맛을 부드럽게 하고 농도를 맞추어 주는 역할을 해요.
>
> **요령 하나 더!** 다시마는 물이 끓으면 건져내세요. 다시마 진액 때문에 국물이 끈적해지니까요.

RECIPE

1 다시마, 멸치(내장 제거), 양파를 넣고 약 20분간 육수를 낸다.

2 찹쌀가루는 묽게 풀어 놓는다.

3 들깨가루도 뭉쳐지지 않게 풀어 놓는다.

4 육수가 우려지는 동안 표고버섯은 채썰고 새송이버섯은 손가락 두 마디 크기로, 팽이버섯은 2cm 크기로 썰어 놓는다.

5 호박은 5mm 두께에 반달 모양으로 썰어 놓는다.

6 조랑떡은 뜨거운 물에 데쳐 놓는다.

7-8 육수에 표고버섯, 새송이버섯과 국간장 한 숟가락을 넣고 끓이다가 풀어 놓은 들깨가루를 함께 넣어 준다.

9-11 호박과 조랑떡, 팽이버섯을 넣어 익힌 후 찹쌀가루를 물에 개어 잘 저어가며 넣는다.

12 천일염으로 간을 맞추고 마무리한다.

오징어는 타우린이 풍부하여 피로 회복에 좋고 지방이 적기 때문에 다이어트에도 적합한 식재료지요. 불포화 지방산, 항산화 성분, 셀레늄 같은 미네랄도 풍부하여 면역력 증진에도 도움이 되고요. 오징어를 넣고 국을 끓이면 너무 시원하고 맛있어서 자주 해 먹어요. 소면을 삶아서 따뜻하게 국수를 해 먹기도 해요. 고춧가루를 빼고 맑게 끓이는 것도 좋아요.

오징어 무국

재료 오징어 300g(1마리), 팽이버섯 150g, 콩나물 50g, 무 40g, 파 20g, 쑥갓 한 줌

양념 다진 마늘 70g, 고추장 1½T, 간장 1/2T, 천일염 1/2T, 고춧가루(기호에 맞게)

육수(700ml) 멸치(머리와 내장 제거), 다시마, 양파

> **TIP**
>
> **오징어 식감 살리기** 오징어를 너무 오래 익히면 질겨지므로 마지막 단계에 넣으세요. 오징어나 조개류 등 살짝만 익혀 먹는 국물 요리를 할 때는 육수에 간을 해 놓은 후 마지막에 해물을 넣으면 차분하게 조리할 수 있어요.
>
> **콩나물 비린내 잡기** 콩나물은 뚜껑을 열고 익혀야 비린내가 안 나요.

RECIPE	1	멸치와 다시마, 양파를 넣고 20분 정도 끓여 육수를 낸다.
	2	오징어는 먹기 좋은 크기로 썰어 준비한다.
	3	무는 2.5×2.5×0.5mm 크기로 썰고 콩나물은 씻어 놓는다.
	4	쑥갓은 잘 다듬고 팽이버섯은 밑동을 제거해 준비한다.
	5	육수에 양념을 넣어 끓인다.
	6-7	무를 넣고 바글바글 끓으면 오징어와 콩나물을 넣고 익힌다.
	8	천일염으로 부족한 간을 맞춘 후 쑥갓과 팽이버섯을 올려 마무리한다.

황태 해장국은 많이 드셔 보셨겠지만 감자를 넣은 황태국은 조금 낯설지요? 황태를 좋아하지 않는 아이들도 감자와 달걀을 넣으면 황태의 시원함과 감자의 부드러움에 잘 먹게 되는 거 같아요. 자극적이지 않아 어르신들에게도 좋고 모유 수유를 하는 산모에게도 좋답니다.

황태 감자 달걀국

재료 황태 20g, 감자 100g, 무 60g, 파 적당량

양념 국간장 1/2T, 다진 마늘 1/2T, 소금 1/2T, 참기름 1/2T

육수(500ml) 멸치(머리와 내장 제거), 다시마, 양파

TIP

황태 손질하기 잘라 놓은 황태를 구매했더라도 먹기 좋은 크기로 잘라 주는 게 좋아요. 특히 가시가 씹힐 수 있으니, 황태를 물에 불려 먹기 좋은 크기로 자르면서 가시도 확인하세요.

달걀 풀기 달걀은 물이 완전 펄펄 끓을 때 센불에서 풀어야 국물이 탁해지지 않아요. 한꺼번에 다 넣지 말고 두세 번에 나누어 휘리릭 풀고 너무 많이 젓지 마세요.

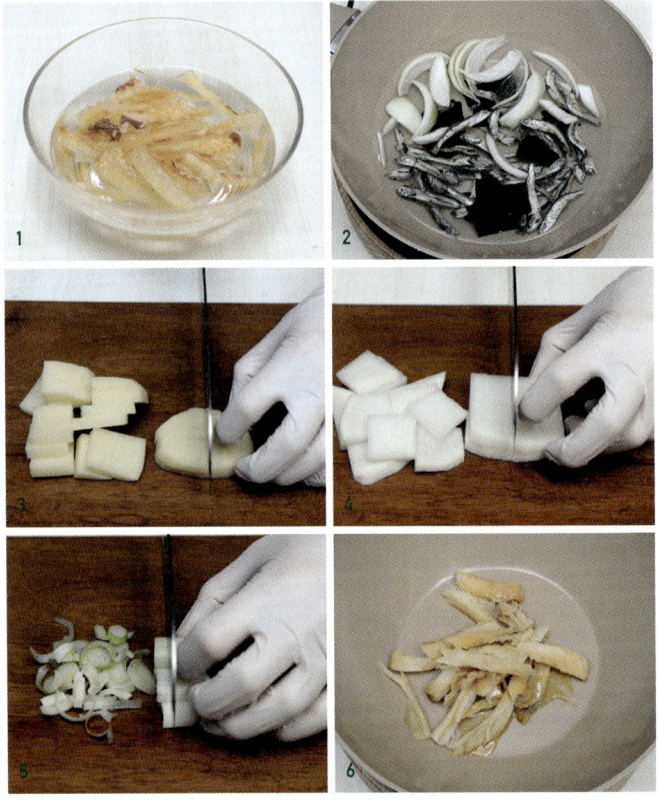

RECIPE	1	황태를 물에 불린 후 먹기 좋은 크기로 자른다.
	2	멸치, 다시마, 양파를 넣어 육수를 낸다.
	3-4	감자와 무는 3×2×0.5cm 크기로 썬다.
	5	파는 송송 썰고 달걀은 풀어 놓는다.
	6	참기름을 두른 팬에 물기를 뺀 황태를 넣고 달달 볶는다.
	7	고소한 향이 올라오면 마늘과 감자, 무를 넣고 한 번 더 볶은 후 육수를 붓는다.
	8-9	물이 끓으면 국간장을 한 숟가락 넣고 달걀을 두세 번에 나누어 푼다.
	10	천일염으로 간하고 송송 썬 파를 올려 마무리한다.

큼직한 대하를 넣고 찌개를 끓이면 개운하고 감칠맛이 나요. 부드러운 순두부와 함께 먹으면 밥도둑이 따로 없지요. 부드러운 두부는 위를 보호하니 술안주나 해장용으로도 그만이에요. 아삭한 숙주도 숙취 해소에 좋은 식재료예요. 시원하게 끓여서 속 푸세요.

새우 순두부탕

재료 대하 5마리, 순두부 300g(1봉), 숙주 100g, 양파 60g, 당근 20g, 대파 15g, 청양고추(기호에 따라)

양념 고춧가루 3T, 건새우 간 것 10g, 파 15g, 국간장 1/2T, 천일염 1/2T

육수(500ml) 멸치(머리와 내장 제거), 다시마, 무, 양파

고추기름(시판용 대체 가능) 고춧가루 2T, 식용유 3T

> **TIP**
>
> **순두부 사전 준비하기** 두부에 간장을 부어 놓으면 순두부의 물이 빠지고 간도 적당히 배 더 맛있는 두부찌개를 만들 수 있어요.
>
> **육수 내기&활용하기** 다시마는 찬물에 함께 넣고 끓이다가 물이 끓으면 건져내세요. RECIPE의 ❼의 경우 다른 냄비에서 육수를 끓이다가 넣으면 좋아요. 찬 육수를 넣으면 조리 온도가 낮아져서 해물이 더 많이 익을 수 있어요.
>
> **고추기름 내기** 고춧가루는 잘 타기 때문에 약불에서 조리하세요. 시중에서 파는 고추기름도 괜찮지만 양이 많아 다 사용하지 못할 수 있으니 필요할 때 조금씩 만들어 사용하는 게 좋아요. 또 좋은 고춧가루로 만들어야 맛도 좋으니까요. 고추기름을 너무 많이 넣으면 식용유 맛이 많이 나 느끼할 수 있으니 조금만 넣으세요.

1
2
3
4
5
6
7
8

170 PURE RECIPE

RECIPE		
	1	멸치, 다시마, 양파를 끓여 육수를 낸다.
	2	대하는 잘 씻어서 내장을 제거한다.
	3	순두부는 모양이 흐트러지지 않게 껍질을 벗긴 뒤 동그란 모양을 살려 4cm 간격으로 썬 후 간장 세 숟가락을 넣어 간을 한다.
	4	양파는 채썰고 당근도 두껍게 채썬다.
	5	고춧가루와 식용유를 넣고 볶다가 고운 채반에 기름만 걸러 사용한다.
	6	고추기름에 파와 마늘을 넣고 볶다가 새우를 넣고 함께 볶는다.
	7	해물이 절반 정도 익으면 양파, 당근을 넣고 함께 볶다가 육수를 넣고 끓인다.
	8	고춧가루, 국간장, 천일염으로 간을 맞추고 간 건새우를 한 숟가락 넣어 감칠맛을 더한다.
	9	순두부를 채반에 받쳐 물을 뺀 후 끓고 있는 ❽에 넣는다.
	10-11	씻어 놓은 숙주를 그릇에 넣고 ❾의 내용물을 부은 후 청양고추와 파를 올려 마무리한다.

* 시판 고추기름을 사용해도 무방해요.

한그릇밥

닭가슴살 비트 볶음밥
구운 두부 버섯 카레
햄 스크램블드에그 볶음밥
불고기 파프리카 볶음밥
볶은 채소 비빔밥과 소고기 양념장
매생이 굴 귀리밥 죽
알밥
소고기 콩나물밥
새우 에그 크림 카레
매운 마파두부 덮밥

비트는 철분을 많이 함유하고 있어 빈혈 예방에 좋고, 항산화 효과가 있어 성인병 예방에 탁월한 재료지만 즙으로 먹는 방법 말고는 딱히 조리법을 몰라 못 먹는 경우가 많아요. 밥이나 김치, 피클 등에 넣으면 쉽게 먹을 수 있고 음식의 색도 예쁘게 낼 수 있답니다. 비트는 향이 강하고 소량으로도 짙은 색을 낼 수 있으므로 너무 많이 넣지 않는 것이 좋아요.

닭가슴살 비트 볶음밥

재료 밥 200g, 가슴살 50g, 호박 15g, 비트 10g, 노랑 파프리카 10g, 당근 5g, 달걀 1개

고기 양념 간장 1/3T, 미림 또는 청주 1/2T, 설탕 1/2T

밥 양념 식용유 2T, 소금 1/3T, 참기름 1/2T, 깨 적당량

TIP

비트 썰기와 예쁘게 색 내기 비트는 작게 썰어야 색이 고르게 물들어요. 또 비트를 채소와 함께 넣고 섞으면 다른 재료에 물이 들어버려서 음식 색이 예쁘지 않으니 마지막에 넣어 주세요.

남은 비트 활용법 남은 비트는 물김치나 피클, 무절임에 활용하면 예쁜 색을 낼 수 있어요. 그래도 남은 비트는 냉동하여 사용하세요.

밥알 모양 살려 볶기 RECIPE ❾의 과정에서, 누르면서 볶으면 밥알이 으깨지니 볶음 스푼을 세워 뭉친 것을 푸는 정도로 볶아 주세요.

요령 하나 더! 채소를 볶을 때는 채소의 수분이 너무 많으면 볶음밥이 질척일 수 있으니 물을 날려 주세요.

RECIPE

1-2   닭가슴살은 1.5×1.5cm 크기의 사각 모양으로 썬 후 간장, 설탕, 미림(또는 청주)을 넣어 재운다.

3-5   호박, 당근, 노랑 파프리카, 비트는 잘게 자른다.

6-7   기름을 두른 팬에 닭가슴살을 넣어 볶다가 절반 정도 익으면 호박, 당근, 노랑 파프리카를 넣고 물을 날리듯 볶는다.

8   밥을 넣고 재료와 잘 섞은 후 비트를 넣는다.

9   밥에 비트 색이 잘 물들도록 골고루 섞으면서 볶고 소금 간을 한다.

10   스크램블드에그를 만든다.

11-12   참기름과 깨를 넣은 후 스크램블드에그를 올려 마무리한다.

고기를 넣지 않는 담백한 카레가 먹고 싶어서 두부와 버섯을 넣었는데 쫄깃한 버섯과 고소한 두부가 참 잘 어울리더라고요. 두부와 버섯이 수분이 많기 때문에 굽지 않고 풍덩 넣으면 카레가 싱거워져요. 약간 짭조름하고 달짝지근하게 밑간하는 것이 포인트예요. 가루 카레보다는 고형 카레가 더 맛있고, 버섯은 다양한 종류로 활용해도 좋아요. 비건 추천 메뉴입니다.

구운 두부 버섯 카레

재료 물 600ml, 고형 카레(카레 가루로 대체 가능) 약 100g(약 반 팩), 두부 반 모, 새송이버섯 80g, 양파 80g, 버터 15g

두부·버섯 양념 소금(두부 밑간용) 한 꼬집, 간장 1½T, 설탕 1½T

TIP

양파 볶기 카레에 다른 양념을 하지 않기 때문에 양파를 듬뿍 넣고 잘 볶아 주세요. 양파의 단맛이 카레의 맛을 한층 더 업그레이드시켜 주니까요.

카레 풀기 고형 카레는 불을 끄고 미지근한 물에 풀어야 응고되지 않고 잘 풀립니다. 만약 실수로 뜨거운 물에 넣어 응고되었다면 채반으로 덩어리를 건진 후 물에 개어 주세요.

RECIPE

1-2 양파는 채썰고 새송이버섯은 2cm 사각 모양으로 썬다.

3-5 두부도 2cm 사각 모양으로 썰어 소금 간을 한 후 팬에 노릇하게 굽는다.

6-7 기름을 두른 팬에 버섯과 구운 두부를 넣어 볶다가 간장과 설탕을 넣어 간을 한다.

8 팬에 버터를 녹이고 양파가 투명해질 때까지 볶는다.

9 물을 넣고 끓으면 불을 끄고 고형 카레를 넣어 잘 풀어 준다.

10 카레가 잘 풀어지면 ❽의 양파를 넣어 저어가며 끓인다.

11-12 카레 위에 두부와 버섯을 올려 마무리한다.

집에 남아 있는 자투리 햄을 이용해도 좋고 프랑크푸르트 소시지를 이용하여 동그란 모양을 살려도 좋아요. 햄 자체만으로도 간이 짭짤하고 맛있기 때문에 특별한 비법이 필요 없는 요리예요. 대신 파기름을 내서 햄과 함께 볶으면 한층 더 감칠맛이 나지요. 돼지고기 함량이 높고 냄새가 없는 좋은 햄을 사용하면 더 맛있어요.

햄 스크램블드에그 볶음밥

재료(1인분) 밥 200g, 프랑크푸르트 소시지 2개, 양파 30g, 호박 30g, 당근 20g, 달걀 1개, 파 15g, 부추 5g

양념 식용유 2T, 참기름 1T, 소금 1/3T, 깨 적당량

TIP

밥알 모양 살려 볶기 RECIPE ❿의 과정에서, 누르면서 볶으면 밥알이 으깨지니 볶음 스푼을 세워 뭉친 것을 푸는 정도로 볶아 주세요. 찬밥을 이용할 거라면 전자레인지에 데운 후 볶아야 밥알이 잘 풀어져요.

RECIPE	1	소시지는 모양을 살려 동그랗게 3~4mm 두께로 썬다.
	2-3	양파, 호박, 당근은 잘게 다지고 파는 송송 썬다.
	4	달걀은 소금 한 꼬집을 넣고 풀어 놓는다.
	5	기름을 두른 팬에 달걀을 넣고 젓가락으로 저어가며 중불로 익혀 스크램블드에그를 만든다.
	6	다른 팬에 기름을 넉넉히 두르고 파를 넣어 파기름을 만든다.
	7	파가 타지 않을 정도로 볶은 후 햄을 넣어 볶는다.
	8	양파, 호박, 당근을 넣고 볶는다.
	9	❽에 ❼의 햄을 넣어 조금 더 볶는다.
	10	밥과 소금을 넣고 빠르게 재료와 함께 섞는다.
	11-13	밥알이 반질반질 윤기가 나면 스크램블드에그를 넣고 부추, 깨, 참기름을 섞어 완성한다.

불고기 볶음밥에 파프리카를 넣으면 색이 예쁠 뿐만 아니라 비타민도 보충되어 영양까지 우수한 볶음밥이 됩니다. 소풍이나 나들이 갈 때 주먹밥으로 만들어도 좋고 유부초밥 쌀 때 이용해도 좋아요. 색감이 예쁘고 달달한 볶음밥이기 때문에 채소를 싫어하는 아이들도 잘 먹는답니다.

불고기 파프리카 볶음밥

재료 (1인분) 밥 200g, 소고기 불고기(샤부샤부용) 50g, 파프리카 30g(노랑, 빨강 각각), 호박 30g, 부추 5g

고기 양념 간장 1/2T, 설탕 1/2T, 참기름 1/2T, 다진 마늘 소량

볶음밥 양념 소금, 깨

TIP

소고기 부위 선택하기 일반 불고기 두께는 볶음밥으로 했을 때 함께 어우러지지 못하고 질길 수 있으니 샤부샤부나 불고기용으로 얇게 썰어 달라고 해서 이용하면 좋아요.

소고기 볶기 고기를 볶을 때 처음부터 센불에서 볶으면 뭉쳐요. 시간이 걸리더라도 약불에서 잘 풀어가며 볶아 주세요.

밥알 모양 살려 볶기 RECIPE ❻의 과정에서, 누르면서 볶으면 밥알이 으깨지니 볶음 스푼을 세워 뭉친 것을 푸는 정도로 볶아 주세요.

밥 양념은 마지막에 고기에 양념이 되어 있으므로 밥은 마지막에 소금 간만 살짝 하면 됩니다.

RECIPE

1   소불고기는 얇은 것으로 준비해서 마늘, 간장, 설탕, 참기름을 섞어서 재운다.

2-3   파프리카와 호박, 부추는 잘게 썬다.

4   불고기를 먼저 볶는다. 얇기 때문에 잘 뭉치므로 나무젓가락으로 풀어가며 익힌다.

5   볶은 소고기에 호박을 넣어서 살짝 익힌다.

6   ❺에 밥을 넣어 볶는다. 고기에 밑간을 했으므로 밥에 간은 너무 세게 하지 않는다.

7-9   파프리카를 넣어 볶다가 부추를 끼얹어 익힌 후 참기름과 깨로 마무리한다.

PURE RECIPE

비빔밥을 집에서 해 먹으려면 왜인지 거창하게 느껴지지 않으세요? 고사리나 도라지 같은 나물과 약고추장이 없으면 안 될 것 같은 부담스러운 메뉴지요? 또 어린아이가 있으면 고추장이 들어간 매운 비빔밥은 해 먹을 수가 없어요. 그래서 집에 있는 간단한 채소들로 만들 수 있는 맵지 않은 비빔밥을 생각했답니다. 어렵지 않은 데다가, 의외로 이 조합이 참 맛있어요. 소고기 양념장에 따로 비법은 없답니다.

볶은 채소 비빔밥과 소고기 양념장

재료(2인분) 다진 소고기 100g, 시금치 100g(집에 있는 잎채소 활용 가능), 무 80g, 호박 80g, 당근 60g, 달걀 1개(기호에 따라 달걀프라이도 가능)

양념 간장 3T, 설탕 2T, 다진 마늘 2/3T, 참기름 1/2T, 전분물(물 2/3T, 전분 2/3T), 물 9T, 깨 적당량

> **TIP**
>
> **잎채소 손질하기** 다른 나물들이 질기지 않기 때문에 먹을 때 잎채소의 줄기 부분이 질기게 느껴질 수 있어요. 너무 길지 않게 토막 내어 주세요.
>
> **담백한 맛 내기** 식용유 냄새가 나는 비빔밥은 싫더라고요. 소고기에서 기름이 충분히 나오기 때문에 담백한 맛을 원하면 고기를 볶을 때 기름을 두르지 않는 것을 추천해요.
>
> **나물 맛 살리기** 비빔장을 넣고 비벼 먹을 거니까 모든 나물의 간은 슴슴하다 느낄 정도로 약하게 해요. 나물 자체의 맛을 즐길 수 있어요.
>
> **남은 소고기장 활용하기** 두부를 구워서 함께 먹어도 좋고, 콩나물과 함께 넣어 콩나물밥을 해 먹어도 좋아요.

RECIPE

1. 다진 소고기는 마늘, 간장, 설탕, 참기름을 섞은 양념에 재워 둔다.
2. 무, 호박, 당근 모두 2mm 두께로 채썬다(채칼도 가능).
3-4. 시금치는 4cm 간격으로 썰어 데친 후 물에 헹궈 소금과 참기름으로 무친다.
5. 기름을 두른 팬에 무를 넣고 볶다가 절반쯤 익었을 때 소금 간을 약하게 한다.
6. 호박도 볶다가 소금으로 슴슴하게 간하고 참기름을 두른다.
7. 당근도 호박과 마찬가지로 볶는다.
8. 재워 둔 고기는 기름 없는 팬에 올려 중불에서 볶다가 물을 넣고 한소끔 끓인다.
9. 전분물을 풀어 농도를 맞추고 참기름을 끼얹는다.
10. 나물을 예쁘게 담고 밥과 비빔장을 따로 내어 마무리한다.

딸아이가 몸이 안 좋은 날이 있었어요. 매생이를 워낙 좋아하는 터라 냉동실에 있는 매생이로 죽을 끓여 주려고 했는데 쌀을 불리고 익히려면 시간이 너무 오래 걸리겠더라고요. 마침 귀리밥을 해 놓은 것이 냉동실에 있길래 얼른 해동해서 갈았죠. 굴도 보이더라고요? 그것도 같이 갈았어요. 다 같이 넣고 끓이기만 했는데 맛있는 거예요. 특히 귀리의 톡톡 씹히는 식감도 좋지만 맛의 퀄리티가 확 달라져요.

매생이 굴 귀리밥 죽

재료 매생이 200g, 귀리밥(쌀밥도 가능) 200g, 냉동 굴(또는 제철 생굴) 100g

양념 물 400ml, 참기름 1T, 소금 1/2T

TIP 귀리밥을 넣는 이유 밥을 넣는 이유는 익는 시간을 단축하기 위함이에요. 꼭 귀리밥이 아니어도 괜찮으니 찬밥이나 잡곡밥 등 집에 있는 밥을 활용하세요. 귀리밥은 톡톡 터지는 식감이 재미있어서 좋아요.

RECIPE	1	매생이는 깨끗하게 씻는다.
	2-3	굴과 귀리밥을 넣고 따로따로 핸드블렌더로 간다. 단, 너무 곱게 갈지 않는다.
	4	웍에 매생이와 물을 넣고 끓이다가, 끓으면 갈아 놓은 굴과 귀리밥을 넣고 잘 저으면서 끓인다.
	5-6	소금(기호에 따라)과 참기름을 넣고 마무리한다.

집에서도 간단하게 해 먹을 수 있지만 재료가 다양하게 들어가 만들기 귀찮은 메뉴 중 하나예요. 그렇지만 안 먹어 본 사람은 있어도 한 번만 먹어 본 사람이 없는 메뉴랍니다. 그래서인지 순수식탁에서도 인기가 가장 많아요. 소분해서 잘 보관하면 몇 번을 해먹을 수 있는 훌륭한 비상식량이 되니 꼭 한 번 드셔 보세요.

알밥

재료 밥 400g, 날치알 70g, 오이 70g, 포기김치 70g, 알밥 단무지 70g, 게맛살 45g, 김가루 10g, 무순(없으면 생략 가능)

김치 양념 고춧가루 1/2T, 참기름 1/2T

TIP

김치 양념하기 김치의 기본 간만으로도 충분히 맛있기 때문에 다른 간을 더 하지 않고, 음식의 색과 고소함을 더하기 위해 고춧가루와 참기름만 조금 넣어 무쳐요. 아이가 먹을 거라면 씻은 김치를 사용하세요.

알밥 단무지 꼬들꼬들하고 물기가 없는 일식 단무지를 사용해야 식감도 좋고 맛있어요. 알밥 단무지라고 검색하면 쉽게 찾을 수 있어요.

요령 하나 더! 오이의 동글한 단면의 길이 정도로 채써는 것이 좋아요. 너무 길면 먹을 때도 불편하고 오이 맛이 너무 강하니까요.

RECIPE

1. 게맛살은 껍질을 벗겨 단면의 모양을 살려 직사각형 모양으로 얇게 썬다.
2. 오이는 짧게 채썰고 물에 헹궈 물기를 뺀다.
3-4. 포기김치는 5mm 정도로 썰고 고춧가루, 참기름을 넣고 조물조물 무친다.
5. 뚝배기 또는 냄비에 밥 한 공기를 깔고 재료들을 예쁘게 두른 뒤 약불 위에 올려 서서히 데운다. 그릇이 따뜻해지고 밥이 약간 누른다 싶을 때 참기름을 두르고 비벼 먹으면 가장 맛있다.

"별거 없는데 참 맛있죠?" 그럼 고객들도 늘 "맞아요. 근데 가족들이 다 좋아해요." 라고 말하는 메뉴예요. 별다른 반찬 없어도 이 자체만으로도 참 맛있단 말이죠. 아삭거리는 콩나물과 달달한 불고기의 조화가 재밌어요. 곁들여 먹는 비빔 양념장도 무심한 듯하지만 무심하지 않은 매력이 있답니다. 입맛이 없을 때 신선하게 먹기 좋아요. 상추나 깻잎, 치커리 등 잎채소가 있다면 함께 넣어 드세요.

소고기 콩나물밥

재료(1인분) 콩나물 140g, 다진 소고기 50g, 당근 20g, 부추 5g

비빔 양념 물 3T, 간장 1½T, 설탕 1/3T, 다진 마늘 1/4T, 참기름, 깨 적당량씩

TIP

당근 얇게 썰기 당근은 식감이 거칠기 때문에 너무 굵으면 씹는 느낌이 투박할 수 있어요. 가능한 얇게 썰어서 콩나물과 잘 어우러지도록 해 주세요.

요령 하나 더! 얇게 썬 당근과 콩나물을 골고루 섞는 것은 쉽지 않아요. 찬물에 콩나물을 헹굴 때 당근을 함께 넣어 풀면서 섞으면 뭉치지 않고 골고루 섞인답니다.

RECIPE

1. 다진 소고기는 마늘, 간장, 설탕을 넣고 볶은 뒤 참기름을 둘러 식힌다.
2. 당근은 고운 채로 썬다. 채칼을 이용해도 좋다.
3. 끓는 물에 콩나물을 넣고 뚜껑을 열어 데친다.
4. 차가운 물에 콩나물을 헹군 후 물을 빼지 않은 상태에서 얇게 썬 당근을 넣고 섞는다.
5. 섞은 콩나물과 당근의 물기를 뺀다.
6-7. 준비한 재료를 한데 섞어 비빔 양념장을 만든다.*

*기호에 따라 청양고추를 넣어도 좋아요.

8. 밥 위에 콩나물과 당근, 볶아 놓은 소고기를 올린 후 양념장을 함께 넣고 비벼 먹는다.

인도의 푸팟퐁커리를 보면서 게, 코코넛밀크 등의 재료가 없이도 쉽게 비슷한 맛을 낼 수는 없을까 생각하다가 만들게 되었어요. 그렇게 만들어진 이 요리는 다행히 아이들도 어른들도 좋아하는 순수식탁 덮밥 메뉴 중 인기 만점이랍니다. 카레의 매운맛이 익숙하지 않은 분들도 부드러운 맛에 쉽게 드실 수 있어요.

새우 에그 크림 카레

재료(2인분) 새우 10개, 양파 100g, 당근 30g, 달걀 2개

양념 생크림 또는 우유 200g, 물 150g, 카레 가루 50g, 버터 20g

TIP

소금 간하기 카레물을 푼 후 크림과 달걀이 들어가면 조금 싱겁게 느껴지니, 이때 기호에 따라 소금을 조금 더 첨가하세요.

새우 볶아 덜어 놓기 새우를 카레에 넣고 오래 끓이면 쪼그라들고 질겨져요. 통통한 새우살을 맛보려면 볶은 후 일단 건져냈다가, 조리 후 불을 끄고 넣어 주세요.

RECIPE

1. 양파는 6mm 정도의 두께로 썰고 당근은 조금 더 얇게 채썬다.
2. 달걀은 풀어 놓는다.
3. 카레 가루도 물에 개어 놓는다.
4. 버터 한 조각을 넣고 새우를 볶는다.
5. 볶은 새우는 건져내고 양파와 당근을 넣고 볶는다.
6. 양파가 반 정도 투명해지면 카레 물을 넣고 눌러붙지 않게 저어가며 끓인다.
7-8. 크림을 넣고 한 번 더 끓인 뒤 달걀물을 저어가며 넣는다.
9. 불을 끄고 새우를 카레에 넣는다.

냉장고에 두부 한 모씩은 꼭 있지요?? 뭐 해서 드세요? 찌개? 아니면 구이? 가끔은 얼큰하게 마파두부로 해 먹으면 별미지요. 목이 칼칼하거나 몸이 좀 으슬으슬하다 싶을 때 청양고추 송송 썰어 넣고 매콤하게 만들어 슥슥 비벼 먹으면 온몸에 열이 나면서 감기도 다 날아갈 것 같은 기분이 들더라고요. 양질의 단백질도 보충되니 너무 좋지요.

매운 마파두부 덮밥

재료(2인분) 두부 300g, 다진 돼지고기 120g, 양파 80g, 호박 60g, 당근 40g, 파 20g, 청양고추 10g

양념 물 300g, 두반장 30g, 다진 마늘 20g, 전분물 15g, 간장 10g, 굴소스 10g, 고춧가루(기호에 따라 생략 가능), 소금, 참기름, 깨 적당량씩

> **TIP**
>
> **다진 고기 볶기** 다진 고기를 볶을 때는 센불에서 볶지 말고 중불 이하에서 으깨면서 볶아야 잘 풀어져요.
>
> **고추기름 잘 내기** 고추기름은 타지 않도록 볶고 얇은 채망에 걸러 주세요. 시중에 파는 고추기름을 사용해도 좋아요.
>
> **전분 풀기** 전분은 바글바글 끓고 있는 상태에서 풀어야 소스의 색이 투명하게 나온답니다. 불이 약하면 탁해져요.
>
> **두부 데치기** 두부를 데치지 않고 넣으면 잘 부서져요. 으깨진 것도 괜찮다면 그냥 넣어도 됩니다. 데친 두부를 채망에 받쳐 그대로 식히면 붙어서 떼기 힘들고 모양도 흐트러져요. 만약 두부가 너무 일찍 데쳐졌다면 채반에 건지지 말고 물에 담가 두었다가 양념 소스에 넣기 직전에 건지세요.

RECIPE

1. 두부는 한 입 크기로 자른다.
2. 양파, 호박, 당근은 1.5cm 정사각형 크기로 썰고, 파는 송송 썬다.
3. 식용유를 넉넉히 두르고 고춧가루를 넣어 고추기름을 만든다.
4. 다른 냄비에 물을 끓여 두부를 데친다.

5-6. 다른 프라이팬에 물, 두반장, 간장을 넣어 끓인 다음 데친 두부를 넣는다.

7-8. 다른 프라이팬에 고추기름을 넣고 파와 다진 마늘을 넣어 볶다가 다진 돼지고기를 넣고 고기가 뭉치지 않게 잘 풀어 준다.

9-10. 고기가 익으면 당근, 호박, 양파 순으로 넣고 소금을 살짝 넣어 익힌다.

11. 채소가 반쯤 익으면 ❻에 넣고 끓인다.

12-13. 소금, 고춧가루를 넣고 간을 맞춘 후 전분물을 푼다.

14. 깨와 참기름을 두르고 기호에 따라 청양고추를 얹으면 완성!

간식

○

두부 멘보샤

달걀 채소 피자

국물 떡볶이

새우 파스타 샐러드

흑미 병아리콩 샐러드와 바게트

소불고기 떡볶이

떠먹는 감자 피자

참치 크랜베리 샌드위치

베이컨 스크램블드에그 샌드위치

불고기 버섯 샐러드

아보카도 사과 견과류 샐러드

프렌치토스트

식빵으로 하는 멘보샤는 기름을 너무 많이 흡수해서 느끼하다 보니 선뜻 손이 가지 않더라고요. 혹시나 해서 두부를 이용했더니 훨씬 건강하면서 든든하기까지 한 메뉴가 되었어요. 신기하게도 새우와 궁합이 잘 맞아서 정말 맛이 좋답니다. 꼭 해서 드셔 보세요.

두부 멘보샤

재료 두부 1모, 새우살 100g, 호박 15g, 달걀 1~2개, 소금(두부 밑간용) 소량, 빵가루, 전분, 밀가루 각 적당량씩

양념 소금 한 꼬집, 다진 마늘 1/3T

양념장 만능 초간장

<p.260 요리가 쉬워지는 만능 양념장>에 만능 초간장 만드는 비법이 있어요.

TIP

두부 적당하게 썰기 두부가 너무 두꺼우면 겉면은 타고 새우는 익지 않을 수 있으니 너무 두껍게 썰지 않도록 주의하세요.

두부 간하기 두부가 너무 싱거우면 맛이 없어요. 소금 간을 해도 물이 빠지면서 싱거워지므로 간을 잘 맞춰 주세요.

튀기기 180도 이상의 센불에서 튀기면 새우가 안 익고 겉면만 탈 수 있어요. 150℃ 정도에서 뒤집어가면서 노릇하게 익혀 주세요.

새우 간하기 새우는 간이 되어 있기 때문에 소금과 다진 마늘은 살짝만 넣어 주세요.

216   PURE RECIPE

RECIPE	1-2	두부를 5×3×1cm 크기로 자르고 소금을 뿌려 밑간한다.
	3	새우살과 호박은 다진다.
	4	다진 새우와 호박에 소금과 다진 마늘로 간을 살짝 한 후 섞는다.
	5-6	소를 넣을 두부 면에 전분을 바르고 ❹의 새우 소와 두부를 차례대로 올린다.
	7	두부의 겉면을 돌아가며 밀가루 → 계란 → 빵가루 순으로 옷을 입힌다.
	8-9	기름이 180도로 예열되면 준비한 멘보샤를 넣고 노릇하게 튀겨 초간장을 곁들여 낸다.

피자를 참 좋아하지만 늘 부담스러운 건 밀가루 도우예요. 그 많은 양의 밀가루를 대신할 수 있는 영양가 있는 재료를 찾다가 달걀을 떠올렸어요. 동글한 모양을 살려 얇게 썬 채소는 아이들의 시각을 자극하기에 좋고 모양까지 예쁘니 어떤 맛일까 궁금해하지요. 호박이나 가지를 싫어하는 아이들과 함께 그림을 그리듯 즐겁게 만들 수 있는 메뉴이기도 하고요. 아이들은 토마토케첩이나 토마토소스를 뿌려 주면 채소 맛이 잘 느껴지지 않아서인지 잘 먹어요.

달걀 채소 피자

재료 (피자 두 판 기준) 달걀 400g, 호박 8조각(동그란 단면대로 얇게 썰기), 가지 8조각(단면대로 얇게 썰기), 파프리카 3조각, 프랑크푸르트 소시지 1개

양념 우유(없으면 생략 가능) 2T, 소금 1/2T, 설탕 1/3T

소스 토마토케첩 또는 토마토소스
  * 스리라차 소스도 이용 가능

TIP

달걀 도우 예쁘게 만들기 달걀을 걸러 주면 달걀이 익으면서 올라오는 기포가 생기지 않아 예쁜 피자를 만들 수 있어요. 채반이 없거나 번거롭다면 거품이 가라앉을 때까지 조금 기다리거나, 숟가락으로 거품을 조심히 걷어 주세요.

피자 불 조절하기 센불에서 익히면 달걀 바닥만 타고 윗부분은 익지 않으니 지루하더라도 약불에서 천천히 익히시되, 달걀물을 너무 두껍게 붓지 마세요.

햄이 싫다면 햄이 싫으면 다진 돼지고기나 소고기를 불고기 양념에 볶아서 토핑으로 올려도 좋고, 버섯을 물기 없이 볶아 올려도 맛있어요.

파프리카 크기 미니 파프리카가 모양을 내기는 좋지만, 없으면 큰 파프리카를 이용해도 되고 작게 잘라서 토핑 삼아 뿌려도 좋아요.

RECIPE

1-3 달걀물에 우유와 소금, 설탕을 넣어 풀고 고운 채반에 걸러 준다.

4 호박, 가지, 햄은 모양 그대로 동그랗고 얇게 썰고 파프리카는 2.5×0.8cm 크기로 자른다.

5 팬에 기름을 두르고 약불에 달걀물을 두른 후 토핑을 피자 모양처럼 예쁘게 펼쳐 놓는다.

6 뚜껑을 덮고 달걀과 재료를 익혀 준다.

7 기호에 따라 토마토케첩이나 토마토소스를 곁들여 먹으면 더 맛있다.

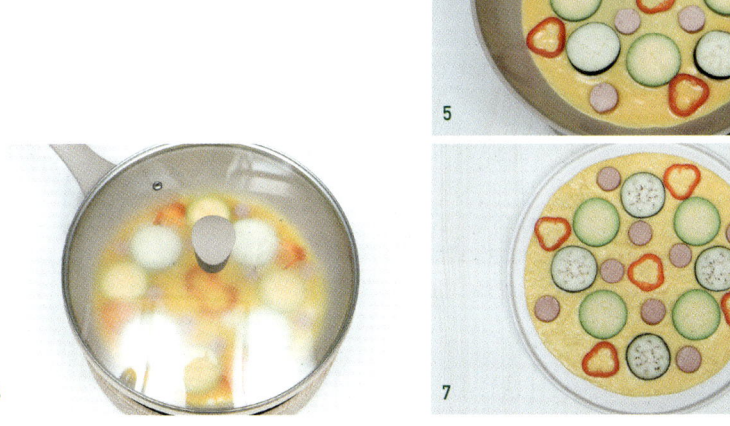

떡볶이는 남녀노소 누구나 좋아하는 최애 간식이지요? 시중에 판매하는 떡볶이들은 너무 자극적이어서 장이 약한 저에게는 도전하기 힘든 음식 중 하나예요. 집에서 만들지만 조미료를 넣지 않아도 맛있게 먹을 수 있는 비율을 연구해서 만든 레시피예요. 물론 모두 집에 있는 양념으로만요. 라면 사리도 맛있는데 쫄면도 좋더라고요. 쫄면은 한 번 데쳐서 넣는 것을 추천해요.

국물 떡볶이

재료 (2인분) 쌀 떡볶이 떡 30개, 사각 어묵 1장, 양배추 50g, 양파 50g, 당근 10g, 파 10g, 달걀 2개, 라면 사리 1봉

양념 물 750g, 고추장 70g, 간장 30g, 설탕 20g, 올리고당 20g, 고춧가루 20g

> **TIP**
>
> **달걀 잘 삶기** 소금과 식초는 껍질이 깨졌을 때 달걀이 퍼지지 않고 바로 응고될 수 있도록 도와 주는 역할을 해요. 껍질도 잘 까진답니다.
>
> **반숙 or 완숙?** 반숙을 원하면 7~8분, 완숙은 12분 삶으면 됩니다.

RECIPE

1   쌀 떡볶이는 물에 헹궈 물기를 뺀다.

2   달걀은 끓는 물에 소금 약간, 식초 한 스푼을 넣고 8~12분(기호에 따라 시간 가감) 삶는다.

3   어묵은 2×3cm 크기로 썬다.

4   양배추 1.5cm, 양파 7mm, 당근 5mm로 채썰고 파는 송송 썬다.

5   양념을 모두 섞어 끓인다.

6   양념이 끓으면 떡과 어묵을 준비된 분량의 물에 넣고 끓인다.

7-8   라면 사리를 넣고 끓이다가 마지막으로 채소를 넣고 한소끔 더 끓인다.

9-10   삶은 달걀과 파를 올려 마무리한다.

기름진 식사로 내 몸에 미안한 적 있으시지요? 너무 육식만 해서 몸이 무겁다 싶은 날 드시면 좋은 샐러드예요. 샐러드 채소는 한 번에 두세 번 정도 먹을 만큼 손질하여 소분해 두었다가 토핑만 얹어 드시면 번거로움을 덜 수 있지요. 영양 균형을 잘 맞추어 단백질과 탄수화물을 적절하게 조합해 보세요. 건강한 한 끼 식사가 될 거예요.

새우 파스타 샐러드

재료 양상추, 로메인, 치커리 등 다양한 잎채소 60~70g, 새우 5개, 푸실리 15g, 적채 10g, 당근 10g, 올리브 4알, 방울토마토 3개, 옥수수 적당량

드레싱(넉넉한 양) 마요네즈 180g, 스리라차 또는 핫소스 30g, 설탕 25g, 아몬드 슬라이스 15g, 레몬즙 15g • ✶ 기호에 따라 양을 늘리는 것도 가능

TIP

채소 세척하기 소량의 식초와 설탕을 물에 희석하여 채소를 담가 놓으면 싱싱해지는 것은 물론 소독도 되어 더 깨끗하게 세척할 수 있어요.

드레싱의 칼로리가 걱정된다면 마요네즈와 설탕이 부담스럽다면 스리라차에 올리브와 레몬즙, 소금을 살짝 넣어 만든 건강한 드레싱을 곁들여도 좋을 것 같아요. 단, 채소 본연의 맛을 좋아하는 분께 추천해요.

드레싱 넉넉히 만들기 분량에 넉넉한 양으로 기재하였으니 몇 번에 나눠 먹을 수 있을 거예요. 냉장 보관하면 2주 정도에 걸쳐 먹으셔도 됩니다.

새우 크기 새우는 클수록 감칠맛이 더 나고 식감도 좋아요. 칵테일 새우보다는 꼬리가 달린 큰 새우를 추천해요.

RECIPE

1. 양상추, 로메인, 치커리 등의 잎채소는 먹기 좋게 찢어 식초 다섯 방울, 설탕 1t를 넣은 찬물에 3분 정도 담가 놓는다.
2. 푸실리는 끓는 물에 8분 삶아 익힌 후 소금 한 꼬집과 올리브유를 넣어 버무린다.
3-4. 적채, 당근은 채썬다.
5. 올리브유를 두른 팬에 새우를 노릇하게 굽는다.
6. 아몬드 슬라이스는 잘게 으깨거나 자른다.
7. 드레싱 재료를 모두 넣어 잘 섞는다.
8. 잎채소를 깔고 적채, 당근, 올리브, 옥수수, 푸실리, 새우, 방울토마토를 올린 후 스리라차 드레싱을 곁들여 먹는다.

병아리콩은 뾰족하게 튀어나온 부분이 병아리와 닮았다고 하여 지어진 이름이에요. 맛도 구수하고 영양도 뛰어나 슈퍼푸드라고 하지요. 칼슘과 단백질이 풍부하고 항산화 물질이 다량 함유되어 면역력 증진에도 아주 좋은 음식이랍니다. 그냥 삶아서 먹거나 밥에 넣어 먹어도 좋지만 새콤한 드레싱을 곁들여 빵 위에 얹어 먹으면 한 끼 식사로도 든든하답니다.

흑미 병아리콩 샐러드와 바게트

재료 병아리콩 40g, 흑미 20g, 양파 40g, 피망 40g, 파프리카 40g, 방울토마토 5개, 리코타치즈(또는 페타치즈 등 기호에 맞게), 바게트

드레싱(넉넉한 양) 올리브유 45g, 유자청 30g, 레몬즙 25g, 설탕 10g, 소금 5g

TIP

흑미 푹 익히기 덜 익은 흑미를 냉장고에 넣어 보관하면 딱딱해지니 푹 익혀 주세요.

병아리콩은 넉넉히 병아리콩은 대량으로 삶아서 냉동실에 보관했다가 드세요. 금방 해동되기 때문에 샐러드 준비 단계에서 꺼내 놓았다가 곁들이면 좋아요. 덜 해동되었다면 미지근한 물에 살짝 담갔다가 드세요.

치즈는 취향대로 저는 개인적으로 짭조름한 페타치즈를 곁들여 먹어도 맛있더라고요. 브리치즈나 체다치즈, 모차렐라치즈 등등 좋아하는 치즈를 넣어 함께 드세요. 와인 안주로도 그만이에요.

드레싱은 기호에 맞게 양 조절하기 준비된 재료의 양은 넉넉하니 기호에 맞게 넣어 드세요.

RECIPE

1 2시간 이상 불려 놓은 병아리콩은 폭신폭신할 때까지 푹 익힌다.

2 흑미는 물에 넣고 끓여 익힌다.

3 양파, 피망, 파프리카, 방울토마토는 1×1cm 크기로 자른다.

4 양파는 물에 담가 매운맛을 뺀다.

5 올리브유에 레몬즙과 유자청을 넣어 잘 섞는다.

6-7 모든 재료와 드레싱을 넣어 함께 버무린다.

8 접시에 담아 리코타치즈를 올리고 바게트를 곁들인다.

7

매운 어른 떡볶이가 있다면 아이들을 위한 떡볶이도 있어야겠지요? 어묵과 떡만 먹으면 왠지 죄책감 느껴지는 엄마 마음 알기에…. 영양도 가득 채워 소고기와 채소 듬뿍 넣으면 맛과 영양 두 마리 토끼 다 잡을 수 있어요! 임금님 수라상에 올렸던 궁중떡볶이와 비슷해요. 남은 국물에 밥을 볶아 먹어도 맛있답니다. 아이들이 많이 이용하는 순수식탁 인기 메뉴이기도 해요.

소불고기 떡볶이

재료 불고기용 소고기(얇게 썰기) 100g, 떡볶이떡 30개, 어묵 반 장, 느타리버섯(새송이버섯이나 표고버섯도 가능) 40g, 양파 40g, 파프리카 30g, 파 적당량

육수 양념 물 350ml, 간장 25g, 설탕 20g, 다진 마늘 15g, 참기름 적당량

고기 양념 간장 75g, 설탕 60g, 다진 마늘 50g, 참기름 20g

파기름 식용유 10g, 파 10g

TIP

소고기 준비하기 소고기를 얇게 준비하면 특별한 양념에 재우지 않아도 부드럽게 조리할 수 있어서 좋아요. 볶을 때 뭉치지 않게 중불에서 잘 펴가면서 볶아 주세요.

식용유는 적당히 간장으로 하는 요리는 식용유를 많이 넣으면 더 느끼할 수 있어요. 파기름도 최소한으로 넣는 것이 좋아요.

RECIPE	1	소고기는 마늘, 간장, 설탕, 참기름을 넣고 재운다.
	2	떡은 물에 담가 불린다.
	3-5	느타리버섯은 찢고, 어묵은 1×3cm 크기로, 양파와 파프리카는 5mm 굵기로 채썬다.
	6	파와 식용유를 넣고 파기름을 낸 후 소고기를 볶는다.
	7-8	소고기가 다 볶아지면 육수를 넣는다.
	9	육수가 끓으면 떡과 어묵을 넣어 익힌다.
	10	떡이 절반 정도 익으면 양파와 버섯을 넣고 조금 더 끓인다.
	11-12	떡이 다 익으면 파프리카, 파를 넣고 참기름을 두른 후 깨를 넣고 마무리한다.

으깬 감자가 도우가 되어 포크로 먹을 수 있는 피자가 시중에 나왔을 때 너무 획기적이라고 생각했었어요. 집에서 아이들에게 해 주었는데 물컹한 식감을 싫어하는 아들도 너무 잘 먹는 거예요. 딸은 한 팩을 혼자 다 먹어요. 한 번 할 때 여러 팩 해서 냉동실에 넣어 두었다가 나들이 갈 때나 급하게 끼니를 해결해야 할 때 요긴하게 먹이고 있답니다. 꼭 활용해 보세요.

떠먹는 감자 피자

재료 (2인분) 감자 400g, 모차렐라치즈 200g, 다진 돼지고기 60g, 마요네즈 50g, 옥수수 30g, 마카로니 20g, 소금 3g, 파슬리가루(기호에 따라)

고기 양념 간장 1/3T, 설탕 1/3T, 다진 마늘 1/4T

소스 토마토소스 140g, 물 100g, 양파 60g

TIP

감자 으깨기 찐 감자는 식으면 뭉쳐서 잘 으깨지지 않으니 뜨거울 때 으깨야 해요.

마요네즈 버무리기 마요네즈는 재료들이 다 식은 후에 버무려야 해요. 뜨거울 때 버무리면 마요네즈의 기름이 분리되어 버리니까요.

PURE RECIPE

RECIPE

1. 감자는 껍질을 벗기고 전자레인지에 뚜껑을 덮고 찐 후 뜨거울 때 으깨 놓는다.
2. 다진 마늘을 식용유에 볶다가 다진 돼지고기를 넣고 뭉치지 않게 볶은 후 간장과 설탕을 넣어 간을 맞춘다.
3. 감자에 볶은 고기를 넣고 마요네즈와 소금을 넣어 버무려 놓는다.
4. 마카로니는 끓는 물에 12분 삶아 식히고 옥수수와 함께 섞어 놓는다.
5. 양파는 7×7mm 크기로 사각썰기한다(채썰어도 무방).
6. 토마토소스와 양파를 넣고 끓인 후 식힌다.
7-9. 감자+고기 → 마카로니+옥수수 → 토마토소스 → 모차렐라치즈를 올린 후 파슬리가루를 뿌린다. 전자레인지에 2분 30초 정도 돌려 모차렐라치즈가 녹으면 완성.

* 오븐을 이용해도 좋아요. 재료들이 다 익었으므로 치즈만 녹으면 돼요.

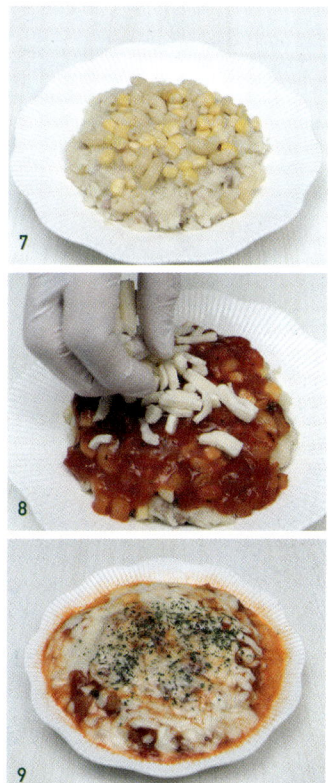

241

참치 자체만으로도 담백하고 맛있지만 달달한 크랜베리와 아삭한 채소들을 넣어 오픈샌드위치를 만들어 보세요. 크래커 위에 올려서 카나페를 만들어도 좋고 모닝빵에 넣어 샌드위치를 해도 너무 맛있어요.

참치 크랜베리 샌드위치

재료 참치 200g, 양배추 30g, 오이 15g, 크랜베리 15g, 양파 10g, 당근 7g, 모닝빵 2개
양념 마요네즈 5T, 설탕 1T, 레몬즙 1T

TIP

참치 물기 제거하기 참치를 채반에 받치고 뜨거운 물을 부어 기름을 빼야 하는데, 이때 물기를 쫙 빼야 해요. 채소와 무쳤을 때 수분이 많으면 질척일 수 있어요.

채소 물기 제거하기 채소 역시 절인 후 물기를 최대한 제거해야 오독오독한 식감도 느낄 수 있고 질척이지 않아 맛있어요. 면포에 넣고 꼭 짜 주세요.

김밥 재료로 활용하기 참치김밥 좋아하는 분들은 크랜베리를 빼고 넣으면 정말 맛있는 참치김밥이 됩니다.

RECIPE

덜 빠진 기름과 수분을
키친타월을 이용해서 제거해도 좋아요.

1-2 참치는 채반에 올려서 끓는 물을 부어 숟가락으로 꾹꾹 눌러 기름기를 뺀다.

3 양배추는 5mm, 오이는 4mm, 당근은 3mm 길이로 자르고 양파는 얇게 채썬다.

4-5 양배추, 오이, 당근은 소금에 30분 정도 절이고 양파는 물에 담가 매운맛을 뺀다.

6 절인 채소와 양파를 물에 헹궈 면포에 넣고 물기를 쫙 뺀다.

7-8 모든 재료와 양념, 크랜베리를 넣어 잘 버무린다.

9 준비한 모닝빵에 넣어 먹는다.

달걀은 매일 한두 개씩 꼭 먹어야 하는 음식이죠. 완벽한 단백질 식품이라고 할 수 있어요. 늘 먹는 달걀프라이가 질릴 때는 스크램블드에그를 만들어 샌드위치를 해 보세요. 든든한 한 끼가 된답니다. 무엇보다 베이컨을 바삭하게 굽는 것이 중요해요. 쉽게 만드는 방법 가르쳐 드릴 테니 따라 해 보세요.

베이컨 스크램블드에그 샌드위치

재료 달걀 200g, 베이컨 4장, 토마토 4조각, 로메인 2장, 크루아상 2조각

양념 (빵에 바르는 용도) 토마토케첩 2T, 마요네즈 2T

달걀 양념 소금 1/3T

> **TIP**
>
> **스크램블드에그 만들기** 약불에서 천천히 익혀야 거칠지 않고 부드럽게 만들 수 있어요.
>
> **달걀 간하기** 달걀을 풀 때는 특별한 소스를 넣지 않기 때문에 너무 싱거우면 맛이 없으니 간을 잘 맞추세요.
>
> **베이컨이 싫으면** 스크램블드에그를 할 때 새우를 넣어도 좋아요.

RECIPE

1. 베이컨은 기름에 바삭하게 구워 먹기 좋게 썬다. ✱ 베이컨이 너무 길면 먹을 때 불편해요.
2. 달걀에 소금을 넣고 곱게 푼다.
3. 팬에 기름을 두르고 약불에서 잘 휘저어가며 스크램블드에그를 만든다.
4. 스크램블드에그는 잠시 식힌다.
5. 토마토는 5mm 두께로 동그랗게 자른다.
6. 로메인은 깨끗하게 씻은 후 물기를 뺀다.
7. 빵 양면에 토마토케첩과 마요네즈를 바른다.
8-9. 로메인 → 토마토 → 베이컨 → 스크램블드에그를 넣고 파슬리를 뿌린 후 마무리한다.

다이어트가 목적이라면 기름이 적은 불고기감으로 양념을 최소화해서 조리하면 칼로리는 줄이고 영양을 더한 샐러드를 만들 수 있어요. 영양 불균형이 없는 건강한 다이어트에 도전해 보세요. 고혈압 약을 복용하는 분은 자몽이 좋지 않으니 다른 과일을 곁들이세요.

불고기 버섯 샐러드

재료(1인분) 샤부샤부용 소고기(불고깃감) 50g, 로메인 등 다양한 잎채소 60~70g, 느타리버섯 20g, 새송이버섯 20g, 적채 또는 적양파 15g, 당근 10g, 올리브 4알, 옥수수 20g, 자몽 반 개

드레싱(넉넉한 양) 마요네즈 160g, 설탕 24g, 레몬즙 12g, 흑임자 10g, 참깨 3g

> TIP
>
> **소고기 익히기** 조금 번거롭더라도 한 장 한 장 흔들어가며 익혀 주세요. 덩어리를 한 번에 넣어 익히면 뭉칠 수 있고 모양도 예쁘지 않아요.
>
> **흑임자가 없다면** 흑임자가 없다면 볶은 참깨를 넣어도 맛있어요. 믹서에 흑임자나 깨만 넣고 갈면 자체 기름이 나와 뭉칠 수 있어요. 드레싱 재료를 모두 넣고 갈아 주세요.

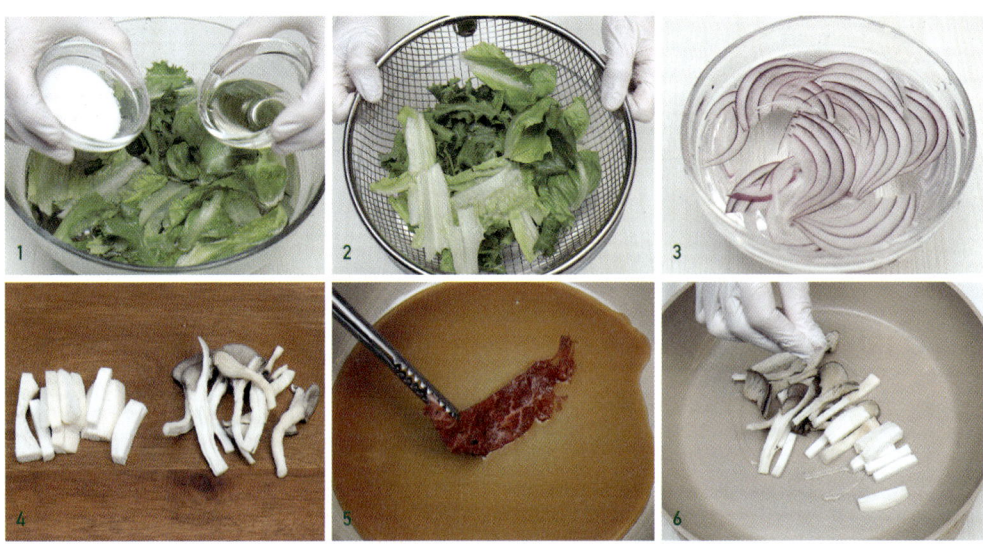

RECIPE

1-2 양상추, 로메인, 치커리 등의 잎채소는 먹기 좋게 찢어 식초 다섯 방울, 설탕 1t를 넣은 찬물에 3분 정도 담갔다가 건져 물기를 뺀다. ✱ 채소 탈수기를 사용하면 좋아요.

3 적양파는 얇게 채썰어 물에 담가 매운맛을 제거한다.

4 느타리버섯은 밑동을 제거하여 찢고 새송이버섯은 1.5×3cm 크기로 썬다.

5 물에 설탕, 간장, 미림(또는 청주)을 넣어 끓인 후 소고기를 샤부샤부 하듯 조금씩 넣어가며 데친다.

6 올리브유를 두르고 버섯을 볶다가 소금 1t을 넣어 간한다.

7 당근은 채썬다.

8-9 자몽은 칼날을 세워 수직으로 껍질을 벗겨내고, 하얀 속껍질을 경계로 과육을 한 덩이씩 잘라낸다.

10 잎채소를 깔고 적양파, 당근, 올리브, 옥수수, 소고기, 버섯, 방울토마토를 올린다. 드레싱 재료를 믹서에 갈아 곁들인다.

아보카도는 까다로운 과일이지요. 후숙을 시키다 보면 뭉그러지거나 색이 까맣게 변하기도 하고요. 저도 욕심내어 한 망 사서 반은 버린 적도 있어요. 아보카도는 잘 익기 전까지 냉장고에 절대 넣으면 안 되고 눌러서 말랑말랑해지면 한 개씩 랩에 싸서 채소 칸에 보관하면 조금 더 오래 드실 수 있어요.

아보카도 사과 견과류 샐러드

재료 아보카도 반 개, 사과 40g, 로메인, 치커리 등 다양한 잎채소 60g, 적채 15g, 올리브 4알, 호두, 피칸, 아몬드, 방울토마토(견과류와 방울토마토는 기호에 맞게 양 조절)

드레싱(넉넉한 양) 유자청 100g, 올리브오일 100g, 레몬즙 18g, 화이트 발사믹식초 또는 발사믹식초 10g

TIP

아보카도 썰기 칼날을 거의 수직으로 세워서 칼날 앞부분으로 썰면 달라붙지 않게 자를 수 있어요. 두껍게 썰면 투박해 보이니 얇게 썰어서 올려 주세요.

사과 갈변 방지하기 사과는 상온에서 갈변되므로 먹기 직전에 자르는 것이 좋고 혹시 미리 잘라 놓아야 한다면 설탕물에 살짝 담가 주는 것도 좋아요. 하지만 너무 오래 담그면 오히려 푸석거리고 맛과 식감이 떨어지니 주의하세요.

채소 세척하기 소량의 식초와 설탕을 물에 희석하여 채소를 담가 놓으면 싱싱해지는 것은 물론 소독도 되어 더 깨끗하게 세척할 수 있어요.

견과류는 다양하게 하루 먹을 양이 들어 있는 봉지 견과류도 좋아요.

RECIPE

1-2 양상추, 로메인, 치커리 등의 잎채소는 먹기 좋게 찢어 식초 다섯 방울, 설탕 1t를 넣은 찬물에 3분 정도 담가 놓은 후 건져 물기를 뺀다. *채소 탈수기를 사용하면 좋아요.*

3 적채는 얇게 채썬다.

4-5 아보카도는 반을 갈라 씨를 제거한 후 껍질을 벗기고 얇게 썬다.

6 사과는 깨끗하게 씻어 껍질째 썬다.

7 볼에 잎채소를 깔고 적채, 올리브, 아보카도, 사과, 견과류, 방울토마토를 올린 후 드레싱을 곁들인다.

어릴 때 엄마가 간식으로 많이 해 주던 토스트예요. 그때는 그냥 달걀에 푹 담근 식빵을 구워서 설탕을 듬뿍 뿌려 주었던 것으로 기억나네요. 그래도 참 맛있었어요. 우유와 버터를 첨가하면 더 부드러운 맛이 난다는 것을 성인이 되어 알았네요. 옛 추억 떠올리며 오늘 간식으로 한번 드셔 보세요.

프렌치토스트

재료 식빵 2~3개, 달걀 2개, 우유 4T, 버터 10g, 소금 한 꼬집

토핑 각종 과일, 슈가 파우더, 설탕, 꿀 등 기호에 맞게 준비

> **TIP**
>
> **달걀물 입히기** 식빵에 달걀물을 충분히 적셔서 묵직해졌을 때 구워야 다 구운 후에도 촉촉한 맛을 즐길 수 있어요. 달걀은 쉽게 타니 약불에서 천천히 구워 주세요.
>
> **슈가 파우더** 손님 대접용이라면 슈가 파우더를 이용해 근사하게 플레이팅해 보세요. 고운 채에 넣고 살살 흔들며 뿌려 주면 됩니다.

RECIPE

1. 달걀을 볼에 담고 소금 한 꼬집을 넣어 잘 푼다.
2. 풀어 놓은 달걀물에 우유를 넣어 섞는다.
3. 팬에 버터를 두르고 식빵을 달걀물에 푹 담근 후 팬에 올려 굽는다.
4. 기호에 따라 꿀과 메이플시럽, 딸기잼, 과일 등을 곁들여 먹는다.

• 요리가 쉬워지는 만능 양념장 •

만능 겨자 소스

식초 180g, 연겨자(튜브) 100g, 설탕 120g, 배즙 100g, 다진 양파 60g, 다진 마늘 15g, 소금 14g, 양조 간장 4g

활용: 해파리 냉채, 초계탕, 맛살 냉채, 닭가슴살 냉채 등 각종 무침

만능 초간장

물 45g, 간장 30g, 식초 15g, 설탕 10g

활용: 두부 멘보샤, 각종 전, 가지말이 쌈, 메밀 쌈 등 각종 쌈 요리

만능 초고추장

고추장 500g, 양조 식초 84g, 탄산수 60g, 설탕 50g, 사과 40g, 양파 30g, 올리고당 30g, 마늘 15g

활용: 골뱅이 무침, 미나리 무침, 쫄면 등 각종 무침이나 해초·참치 생야채 비빔밥의 비빔장

만능 데리야키 양념장

물 110g, 올리고당 40g, 간장 25g, 쯔유 10g

활용: 생선 조림, 두부 조림, 버섯 조림, 순한 간장 불고기 등

순수식탁 이야기

'생각'이라는 것을 할 겨를이 없었다.

눈 뜨자마자 아이들 어린이집 등원, 등원 후 네댓 곳을 돌며 장을 보고, 종일 조리와 포장을 반복한 후, 7시가 넘은 시간에 퇴근하여 아이들과 저녁을 먹고 아이들이 잠들면 대략 10시, 주섬주섬 주문서를 정리한다. 주문서를 반쯤 정리했을까? 쏟아지는 잠….

어떤 날은 아이들을 재우고 다시 매장으로 나가 자정까지 재료 준비를 하기도 했는데 비상구도 CCTV도 없는 5평 남짓한 가게에서 너무 무서워 노트북 카메라를 켜 놓고 일을 하기도 했다.

내 하루는 12시간밖에 안 되는 것 같았고 해도 해도 끝이 없는 일에 치여 매일 놀아달라고 보채는 아이들을 데리고 놀이터 한 번을 제대로 가보지 못했다. 주말에도 메뉴를 짜고 업로드해야 하고 장을 봐야 했으므로 온전히 쉬어 본 기억이 없다. 그건 지금도 마찬가지다.

'하루가 48시간이었다면….' '몸이 두 개였다면….'

늘 걱정하고 푸념했으나 한편으로 그런 현실이 그렇게 고통스럽거나 힘들지 않았다. 늘어가는 주문서를 보며 흐뭇했고 "너희 엄마 음식 진짜 맛있어. 너희는 좋겠다. 매일 이렇게 맛있는 음식 먹어서…."라는 고객들의 말을 듣는 아이들은 엄마가 하는 일에 대한 자부심과 순수식탁을 향한 진심 어린 애정이 생겨난 듯했다.

다섯 살이었던 딸이 백화점 카운터에 팔을 턱 걸치고 기대서는 점원에게 "우리 엄마 반찬가게 해요! 우리 엄마 사장님이에요!" 하며 자랑하는 것을 보고 얼마나 웃었는지 모른다. 이런 아이들을 보며 또

힘을 얻고 내가 하는 일이 결코 아이들에게 심리적으로 나쁜 영향만 주는 것이 아님을 위로하고 달래가며 여기까지 오게 되었다.

5평 남짓의 작은 매장에서 두 개의 매장을 내기까지
아이들이 세 살, 네 살이 되었을 무렵 조금씩 집에 있는 생활이 무료해지기 시작했다. 무엇이든 하고 싶었다. 그래서 사촌이 하는 빵 가게에서 샌드위치 싸는 아르바이트를 했다. 아르바이트 생활을 하면 할수록 내가 주체적으로 무언가를 하고 싶다는 생각이 깊어졌.
그러던 차에, 당시 아이들이 다니는 어린이집 엄마들과 만나서 대화도 많이 나누고 육아 고민을 해결하기 위해 맘 카페 등을 뒤지다가 대부분의 엄마들이 어린아이들의 반찬 때문에 많은 스트레스를 받고 있다는 사실을 알았다.
사실 난 영양사 생활과 다수의 자격증, 식당 운영 경험으로 요리에 대한 스트레스는 전혀 없던 터라 이런 고민이 와 닿지 않았다. 하지만 내 주위에 있는 열 명의 엄마들 중 열 명이 같은 고민을 하고 있다면 '그건 반드시 된다!'는 확신이 생겼다.
그러던 어느 날, 집 앞에 작은 가게가 임대로 나온 것을 보고 운명처럼 꼭 이 일을 해야 할 것 같은 느낌을 받았다. 분명 나의 노하우가 많은 이들에게 도움이 될 수 있을 것이고 그것이 선순환되어 나의 생활에도 보탬이 될 거라는 자신이 있었다.
순수식탁은 2017년 11월 5평도 안 되는(계약서상에는 5평이나 실평수는

4평이나 되나 모르겠다) 아주 작은 가게에서 시작했다. 빌라로 빼곡한 그야말로 주거지 상권에 마을버스만 다닐 수 있는 골목상권. 내가 그 가게를 선택한 이유는 오로지 단 하나! 집과 가깝다는 것! 집과 불과 30초 거리였으니 말이다. 육아의 도움을 받을 수 없었기에 아이들을 돌보며 매장을 쉽게 왕래할 수 있어야 했다. 차를 몰고 매장을 방문하는 손님들이 한참을 헤매고 그냥 지나쳐 가기도 하는 일이 빈번하였고 씩씩거리며 오셔서는 이런 곳에 있을 줄 몰랐다고 불만을 내뱉을 정도였으니 말이다. 하지만 그게 신의 한 수였던 것 같다. 무조건 집과 가까운 것! 첫 매장은 언제든 내가 컨트롤이 가능한 범위 안에 있어야 한다.

처음 메뉴는 아이 반찬 다섯 가지, 어른 반찬 네 가지였다. 지금 생각해보니 참 어이가 없는 가짓수였지만 정말 좋은 재료를 사용했고 레시피 또한 우리 아이가 먹는 그대로 만들었다. 비좁고 세련되지는 않았지만 오픈 키친으로 해서 조리하는 모습을 볼 수 있게 했다. 일상을 꾸준히 SNS에 올리자 같은 연령대의 아이를 키우는 엄마들 사이에서 신뢰가 형성되었다.

우연히 맘 카페에 무료로 입점할 수 있는 기회가 생겼다. 한 달에 한 번 주변에서 소규모로 열리는 오픈 마켓 같은 곳도 빠짐없이 참석했다. 그곳을 통해 입소문이 많이 났고 주문이 늘면서 메뉴도 점점 늘어났다.

운영한 지 1년이 되던 해, 5평 가게에 직원이 다섯 명이 되었다. 한

평당 한 자리를 차지하다 보니 일을 하다 돌아서면 부딪히고 음식을 보관할 공간도 턱없이 부족했다. 본격적으로 이전을 위한 준비에 들어갔다.

워낙 외진 곳에 있었기 때문에 고객들이 찾기 쉬운 곳, 주차가 가능한 곳, 유동인구가 많은 역세권이면 땡큐! 이 세 가지 조건을 가지고 그 바쁜 와중에도 동네를 이 잡듯이 뒤졌다.

그렇게 세 달 정도를 헤매었을까? 거짓말처럼 내 눈에 들어온 가게가 있었으나 리모델링 중이어서 완공 일자도 정확하지 않았다. 아직 부동산에 내놓지도 않은 곳이었는데 공사 관리자를 통해 주인의 번호를 알아냈고 지금의 순수식탁 1호점이 탄생하게 되었다.

노파심에 24평 중 반 칸만 사용하여 12평으로 시작했으나 오픈 3개월 만에 공실이었던 옆 칸까지 임대하여 24평을 모두 쓰게 되었고 그렇게 운영하던 중 'SBS 생방송 투데이'에 은평구 반찬 맛집으로 소개되면서 고객이 폭발적으로 늘어나 이전한 지 1년 만에 다시 매장을 알아보게 되었고 지금의 2호점을 오픈하였다.

연령대를 아우르는 모두의 순수식탁으로

처음 순수식탁의 고객들 대부분은 나처럼 어린 자녀를 둔 엄마들이었다. 내 아이들이 현재 초등학생이니 처음부터 지금까지 순수식탁과 함께해 온 아이들 역시 그 정도 되었을 것이다. 아이들 먹일 음식을 만들기 때문에 아이들에 대해 정확히 파악할 수 있어야 했고 엄마들의 마음에 공감할 수 있어야 했다. 그런 점에서 네 살, 다섯 살 아이 둘을 키운다는 것은 사업적인 면에서도 큰 도움이 되었다. 내가 쌓은 노하우를 많이 알려주고 싶었고 부디 순수식탁의 음식을 먹는 아이들은 편식이 없기를 바랐다.

엄마들이 아이의 식습관에 대해 고민을 털어놓으면 안 먹어도 좋으니 뱉을지언정 한 입이라도 먹게 해라. 어느 정도 성장한 아이에게 너무 간을 안 해서 먹이는 것 또한 편식을 유발할 수 있다. 안 먹는 아이는 일단 먹이는 것에 초점을 두고 성장에 신경을 써라 등등 내가 아는 범위 내에서 엄마들에게 주제넘는 조언도 해가며 함께 성장했다. 아이들과 있었던 일이나 운영에 대한 힘든 일 등 사소한 에피소드를 푸념하듯 남기면 공감해주고 응원을 아끼지 않았던 고객들. 어디 가면 난 늘 이렇게 말한다. 우리 고객들 참 착하다고…. 그렇게 고객에게 힘을 얻어 더 의지를 불태우는 날이 많았다.

물론 불특정 다수의 사람을 만나는 서비스업이다 보니 예측 불가능한 고객도 많다. 하지만 그 또한 나의 서비스 노하우에 녹아들어 나의 경력에 큰 힘이 되었다. 고객이 없어서 문제이지 이렇게 고마운 고객이 있는데 내가 못할 게 뭐가 있겠는가?

그사이 고객층이 많이 다양해졌다. 아이들의 입맛과 어르신들의 입맛은 일맥상통한다는 것을 알게 되었다. 갈수록 음식을 하는 시간과 남는 재료에 대한 부담감으로 어르신들이 요리를 꺼리게 되면서 최근엔 연령대가 높은 층이 고객의 상당 비율을 차지하고 있다.

또 1인, 2인 가구가 많아지면서 집밥이 그리운 젊은 세대들의 이용 빈도가 높아지고 있는 추세이다. 그래서 초창기 '엄마들의 오아시스'라는 슬로건으로 아이 엄마들을 타깃으로 시작했던 순수식탁은 이제 전 연령대를 아우르는 모두의 순수식탁으로 자리 잡아가고 있다.

내가 좋아하는 일에 목숨을 걸어라
사업의 가장 큰 매력은 내가 하는 만큼 성과를 거둔다는 것이다. 내가 부지런히 뛰어야 하는데 관심도 없고 지식도 전혀 없는 데다가 대충 남들이 비전 있어 보인다고 하는 종목으로 덥석 시작하면 성공할 수 있을까?
물론 성공할 수도 있다. 하지만 매우 오래 걸리거나 쉽게 성공 궤도에 오른다 할지라도 금방 실패라는 쓴 경험을 겪을 거라는 게 나의 생각이다.
좋아하는 일을 업으로 삼으면 좋아하지 않게 된다고 하는데 나는 생각이 조금 다르다. 결국 돈을 벌고 성공하기 위해 사업을 하는 것인데 내가 잘 알지도 못하고 내가 좋아하지도 않는 종목으로 그저 막연히 돈을 많이 벌겠다는 목표 내지 희망 하나로 사업을 시작하는 것은 너무나 무모한 짓이다. 내가 좋아하는 것이어야 열정을 쏟을 수 있을 테니 말이다.
일단 성공 궤도에 오른 후 좋아하는 것을 더 계발하고 찾아도 좋다고 생각한다. 그렇다고 지금 순수식탁이 아주 만족스러울 만큼 성공 궤도에 올랐다고 말하는 것은 아니다. 순수식탁도 나도 아직 아직 멀었다. 하지만 이렇게 책을 쓰고 있는 것을 보니 조금씩 내가 원하는 목표에 한 걸음 두 걸음 다가서고 있기는 한 것 같다.

열정을 가지고 지금 내가 하는 이 일이 아니면 생사가 막막한 지경에 이른다고 생각하고 죽을 각오로 임해야 한다. 사업은 끊임없는 아이디어의 창출, 끊임없는 인력난, 끊임없는 갈등과 문제 발생의 연속이다. "하루도 조용할 날이 없어."라는 말을 달고 사니 말이다. 내가 좋아하는 일이 아니라면 이런 것들을 견뎌낼 내공이 쌓일 리가 없다.

5평 순수식탁을 기억하는 고객들은 너무 신기해한다.
어떻게 이렇게 될 수 있냐고.
이만큼 성장한 순수식탁을 보면서 뿌듯하고 신기하다고.
고객이 원하는 것을 정확하게 파악하고 고객에게 신뢰를 주었던 것.
진실하게 운영하는 순수식탁을 고객들이 좋아했던 것 같다.

감사의 글

든든한 후원자, 친정 가족

순수식탁은 눈이 오나 비가 오나 새벽 6시부터 불이 켜져 있다. 바로 순수식탁의 대들보 우리 엄마. 음식 솜씨가 너무 좋은 엄마는 평생 요식업에 종사하셨고 이제 딸의 매장에서 그 능력을 마음껏 발휘하고 계신다. 순수식탁을 이용하는 모든 고객은 내가 어린 시절부터 먹었던 엄마가 해주는 집밥을 먹는 것과 같다. 그러니 타지에서 혼자 생활하는 혼밥인들이여! 우울해하지 말라. 엄마가 해주는 집밥이 순수식탁에 있으니!!(정말 어릴 때 먹었던 맛 그대로다)

2호점을 내면서 순수식탁은 1호점과 2호점을 동시에 관리하느라 너무 바빴다. 이동해야 할 것들도 많고 장을 봐야 할 것들도 두 배, 세 배가 되었다. 그때 든든한 지원군으로 기꺼이 본업을 접고 함께 손잡아준 우리 아빠! 가끔 손님이 묻는다.
"저 할아버지 누구세요? 너무 친절하세요."
 손님 방문이 몰리면 주차 때문에 복잡해져 주위 주민들에게 불편함을 끼칠 수 있어 나가 계시면서 손님들을 맞이하곤 하는데 그럴 때 듣는 이야기다.
엄마를 닮아 음식 솜씨가 좋은 동생도 확장 후 턱없이 부족한 인력난으로 힘들었을 당시 밤낮으로 일해가며 도움을 주었다. 이렇게 든든한 지원군이 있으니 순수식탁이 발전하지 않을 수 없었을 것이다.

온 마음을 다해 응원해주는 시댁 식구들

먼 곳에서 함께하지 못해 늘 마음 아파하시는 시댁 식구들은 내적 빈곤함을 채워주는 분들이다. 온 마음을 다해 걱정과 응원을 해주시는 시부모님과 사이가 돈독한 형제들은 좋은 소식도 나쁜 소식도 진심으로 함께 기뻐하고 속상해하며 공감해준다. 그렇기에 난 심리적으로도 늘 갑옷을 입은 듯 든든하다.

든든한 순수식탁 제2의 대표! 남편

남편은 꿈도 열정도 대단한 사람이다. 다른 분야에서 인정받고 촉망받는 인재였다. 10년 넘게 자신의 모든 열정을 받쳐 힘겹게 일구어 놓은 본인의 위치를 포기하고 낯선 분야로 뛰어들었을 때 그 허탈함 또한 얼마나 컸으랴. 하지만 자신이 모르는 분야를 분석하고 연구하며 나보다 열 배 이상의 열정을 가지고 순수식탁을 운영하는 모습을 보면서 가끔씩 나태해지고 싶은 내 마음을 다잡게 된다. 무엇보다 대표로서 외로웠을 길을 동행할 누군가가 있다는 것이 얼마나 든든한지 모른다.

사랑이 가득한 두 아이

가족을 너무나 사랑하는 두 아이, 순수식탁을 너무나 사랑하는 두 아이.

바쁜 엄마, 아빠가 싫을 법도 한데 순수식탁의 두 아이는 언제나 엄마 아빠를 응원한다. 팔목에 붙인 파스를 보며 속상해하고 어깨를 주물러준다. 노트북 앞에서 꾸벅꾸벅 졸고 있는 엄마와 아빠를 보며 졸린데 잠도 못 잔다며 불쌍하다고 눈물짓는다. 하지만 언제나 밝고 씩씩하며 예의 바르다. 순수식탁에 누구보다 애정과 관심이 많아서 집에서 하는 엄마 아빠의 대화에 귀를 쫑긋 세우는 두 녀석을 보면 참 귀엽고 뿌듯하다. 순수식탁과 함께 성장한 두 아이. 이 아이들에게 부끄럽지 않은 부모가 되기 위해 순수식탁을 더 열심히 하지 않을 수 없다.

귀한 친구들

순수식탁을 3개월쯤 운영했을 때 급한 일로 초중고등학교를 함께 다닌 오랜 친구에게 도와줄 수 있겠냐고 부탁했고 흔쾌히 바로 달려와주었다. 내가 아이들을 돌보느라 정신없이 퇴근할 때 매장 마감을 해주었고 남은 일들을 처리하지 못해 끙끙댈 때 함께 해주었던 친구. 1호점을 확장 오픈하고 인력 부족으로 허덕일 때 또 한 명의 친구가 조건 없이 와주었다. 숨 막히게 더운 주방에서 나의 공백을 메워주고 부족한 아이디어에 참신함을 공유해주는 친구. 나의 매장을 소중히 여겨주는 인생의 반 이상 함께해 온 친구. 이런 친구들이 있었기에 힘든 시기도 슬기롭게 극복할 수 있었다.

내가 한 걸음 걸을 때 두 걸음 뛰어주는 소중한 인연들

5평짜리 좁은 매장에 한 자리씩 차지했던 직원들. 벌써 4년의 시간이 흘렀지만 변함없이 함께하고 있는 소중한 인연들이다. 무모한 도전을 좋아하는 대표 덕에 덩달아 바쁘게 보냈지만, 누구 하나 싫은 내색 없이 묵묵히 자신의 자리를 잘 지켜주었다. 에어컨을 켜도 숨 막히게 더웠던 주방, 겨울이면 온도 차로 문에 성애가 생겨 헤어드라이어로 녹여 열어야 했던 열악한 환경에서도 늘 변함없이 자리를 지켜주었다. 어떻게 이런 인연이 있을까 싶다.

그리고 일손이 너무 모자라 허덕일 때면 거짓말처럼 든든한 새로운 식구들이 찾아온다. 참으로 신기한 일이다. 그렇게 순수식탁과 함께하는 현재의 직원들 모두 표현하기 힘들 정도로 소중한 인연들이다.

고객 리뷰

SOO
기름이 깨끗해서인지 넘꼬소해요!!
벌써 두번째 치킨에 성공했네요ㅎ
어제 못먹어서 냉장고에 넣었다가
-먹기전 1시간전 실온보관
-에프 예열 180도 5분
-180도 3분 뒤집어서 2분
했어요.
맥주가 없어서ㅜ 전 와인한잔했네요ㅎ
애들이랑 셋이먹으니 딱이에요.ㅎ
매콤양념추가한건 초등도 잘 먹어요!!
뼈만 발골되었습니닷ㅋ
4식구에 맥주도 마시려면 2마리는
해야하는데 한정이라 아쉽네요ㅜㅠ
내일 바지락칼국수도 넘기대되요❤️

YM
올한해도 늘 먹거리 고민하고
준비하시느라 고생 많으셨습니다
사장님 덕분에 좋은 음식으로 건강한
한해 보낸것 같아요😊 밝아오는 새해에도
잘 부탁 드릴께요😊 새해 복 듬뿍듬뿍
받으시고 가족모두 건강하게 행복한
한해 맞이하세여 감사합니다
소고기맛고볶음2개 삼색나물1개
물파래무침1개 닭가슴살 적양배추
샌드위치 2개 마지막 배송으로
부탁드립니다 수고많으셨어요
🤲🤲

JESSI
시어머님이 편찮으셔서 며느리인 제가
차렸는데 너무 맛있어 하셨어요
양도 많고
늘 감사합니다❤️
주변에 소개 몇군대해서 반찬 받고 있는데
또 틈틈히 홍보할게요👍👍

CYJ
사장님 항상 너무 감사해요~
최근 몇년동안 유산몇번에 얼마전
출산도 했는데 회복하는동안 순수식탁
아니였음 첫째케어 어찌했을지 상상이
안가네요~ 첫째도 신랑도
끼니챙기더라도 건강하게
챙겨주고싶은데.. 2주간 조리원가서도
맘편하게 카톡으로 반찬 집으로
배송하고 있던 제모습ㅎㅎ 저희가족
건강을 항상 책임져주셔서
감사해요💛 사장님도 항상
건강하세요~^^

GMJ
사장님 ~
지난 설음식 어머님께 엄청 칭찬받았어요.
어머님이 제가 명절음식 사오니 자기는
이런 곳 못 믿는다며 뭘 넣었을지 어떻게
야냐고 하시더니.. 드시고서 그래도 맛있네
뭘 넣었길래..의심을 계속 하셨었어요.
그런데 다음날에 밖에서 사온음식은 다음날
되면 못먹을 상태가 되는데 여긴 집에서
한것 처럼 고대로라고.. 끝까지
먹어본적이 없는데 이번에 전을 끝까지
먹는다며 너무 괜찮나며,
칭찬하시더라구요.. ㅎㅎ 내년에도 또
사야겠어요.^^

YGY
안녕하세요.순수식탁 오랜 고객으로
갑자기? 넘감사하단 말씀 전하고
싶네요.
워킹맘으로 인터넷에서 유명하다는
이집저집 반찬집 시켜보다 애들이
잘안먹어서 버리고ㅜ 마지막으로
알아보며 알게된 순수식탁!
이곳반찬은 애들이 잘먹어서
19년도 9월주문을 시작으로...2년동안
지금까지 정기배송을 하고
있네요.(주변에 소문도 내고
했어요...^^)
까탈스런 두아들 입맛을 사로잡은
순수식탁 갑자기 밤늦게 감사합니다.
사업도 번창하시고..진심으로
축하드려요. 집도 가깝던데 매장한번
꼭!들릴게요.^^
좋은 주말보내세요❤️

YGY
그리고 매주 제가 깜박해도 반찬변경
물어봐주시고..감사해요.

MM
사장님. 순수식탁 늘 애용하는
사람이에요. 쑥스럽지만 늘 정갈하고
맛있게 음식 만들어주셔서 너무 너무
감사하단 말씀 꼭 전해드리고 싶어요.
아이 셋 혼자키우는 싱글맘이라
밤낮없이 일하는데 종종 순수반찬
음식으로 아이들과 함께 하는 소중한
식사시간은 너~~무나 행복하고
힐링되고 충전 됩니다.
좋은 음식 만들어주셔서 감사해요 ^^

KYK
사장님 오늘은 늦지 않게 회신합니다
앞으로도 시간을 잘 지켜야할텐데
당일 새벽에 메뉴 남겨도 배송 잘해주셔서
너무너무 감사합니다.
제가 2월에 출산하고 둘째도 출산후유증이
있어
많이 아파요😔😔 그래서 순수식탁
아니였음
정말 큰아이와 남편은 굶을뻔 했답니다
너무너무 감사드려요
아픈 몸으로 육아하느라
입금도 늦고 주문서도 늦어 너무
죄송하네요
조금만 양해해주시면 감사하겠습니다

글을 마치며

끊임없이 일할 수 있는 원동력

당시 아이들은 네 살, 다섯 살이었는데 시부모님께서는 비행기를 타고 12시간 비행해야 하는 곳에 계셨고 친정 부모님은 함께 일을 하셨기 때문에 육아를 담당할 수 있는 사람은 오롯이 남편과 나 둘뿐이었다. 그렇게 어린아이들을 심지어 연년생을 데리고 어떻게 이 치열한 생존 싸움에서 살아남을 수 있었는지 궁금해하는 분들이 많은데 그것은 처음부터 끝까지 내가 하는 일에 대한 신념과 가족에 대한 믿음이 있었기에 가능했던 것 같다.

내가 하는 일이 나와 같은 고된 육아를 하는 엄마들에게 작은 안식처가 될 수 있다는 것에 대한 신념과 일을 하는 엄마와 아내를 이해해줄 거라는 가족에 대한 믿음!

행여나 가족과 아이들에게 해가 가지는 않을까, 내가 잘하고 있는 걸까 라는 죄책감으로 시간을 낭비할 수 없었다. 그냥 내게 주어진 하루를 정말 최선을 다해 살았다. 그렇게 살다 보니 이렇게 책을 쓰는 감격스러운 날까지 오게 되었다.

이 책을 쓰면서 지금껏 돌아보지 못했던 지난날을 떠올려보았고 또 나의 미래를 그려보았다. 아직 쓰이지 않은 막연한 미래일기일지 모르나 분명한 건 나의 미래가 아주 희망적이고 선명하며 충분히 실현 가능한 방향으로 흘러가고 있다는 것이다. 그런 믿음으로 만드는 나의 맛있는 음식들이 먹는 고객들까지 행복으로 이끄는 힘을 발휘했으면 좋겠다.

내 아이 먹일 생각으로 만든 64가지 건강 레시피

순수한 레시피

초판 1쇄 인쇄	2022년 06월 28일
초판 1쇄 발행	2022년 07월 04일
지은이	김소연
펴낸이	박남균
펴낸곳	북앤미디어 디엔터
등록	2019.7.8. 제2019-000090호
주소	서울시 영등포구 국회대로 675, 9층
전화	02)2038-2447
팩스	070)7500-7927
홈페이지	the-enter.com
책임	박남균
편집	김혜숙
북디자인	임흥순
해외출판	이재덕
사진	도영찬
스타일링	함지연

ⓒ 김소연, 2022, Printed in R.O.Korea

이 책은 신저작권법에 의해 보호를 받는 저작물입니다. 저자와 북앤미디어 디엔터의 서면 허락 없이 내용의 일부를 인용하거나 발췌하는 것을 금합니다. 제본, 인쇄가 잘못되거나 파손된 책은 구매하신 곳에서 교환해 드립니다.

ISBN 979-11-977707-2-2(13590)

정가 21,000원